즐거운 인생은 세리머니가 먼저다

먼저 축포를 터뜨려라.
결과가 만들어진 현재를 살라!

초판 발행	2024년 1월
지은이	한사무엘
책임편집	오혜교
디자인	다롱팩토리
펴낸곳	OHK
출판신고	2018년 11월 27일 제 2018-000084호
주소	경기도 파주시 회동길 219 2층
전화	1800-9386
이메일	soaprecord@gmail.com

ISBN: 979-11-92293-93-6 (13320)

이 책은 저작권법에 따라 보호받는 저작물이므로 무단전재와 무단복제를 금지하며,
이 책 내용의 전부 또는 일부를 이용하려면 반드시 저작권자와 OHK의
서면동의를 받아야 합니다.

즐거운 인생은 세리머니가 먼저다

먼저 축포를 터뜨려라.
결과가 만들어진 현재를 살라!

한사무엘
저자

* * *

스스로를 쥐어짜지 않고 현재를 충실히 즐기면
성공한 하루가 완성된다!

들어가며

　세상에 쉬운 인생이 어디에 있을까요. 인생은 멀리서 보면 희극, 가까이에서 보면 비극이란 말이 있습니다. 돈이 많든 적든, 사회적 지위가 낮든 높든, 현재의 삶에 만족하든 하지 않든 삶은 우리 모두에게 쉽지 않은 문제죠.

　그런데 쉬운 인생이 재미있을까요? 사람은 저마다 무언가를 추구하면서 사는데 원하는 걸 추구하는 과정에서 실패나 실수가 없을 수 없어요. 내가 갖지 못한 무엇을, 현재 얻지 못한 무엇을 얻으려면 실수와 실패를 받아들여야 합니다. 실패는 누구에게나 달콤하지 않고 쓰죠. 요컨대, 우리는 누구나 힘들 수밖에 없는, 쓴맛을 보게끔 설계되어 있는 인생을 살 수밖에 없는 것이죠.

치과의사니까 성공했네, 밥은 네가 짜!

가끔 친구들을 만나면 의도치 않게 밥을 사게 됩니다. 밥값이 때로는 수십만 원이 나올 때도 있어요. 직업이 '치과의사'이기 때문에 밥을 사야 한다고 생각하는 사람은, 앞에서 말한 인생의 역설을 모르는 겁니다. 치과의사 역시 세상의 수많은 자영업자와 다를 게 없어요. 의사는 일반 업종보다 더 많은 세금을 내고, 생명을 다루는 일로 환자들의 강한 클레임에 시달리죠. 잘 되는 치과의사는 건물을 세우지만, 한편으로 망해서 문을 닫는 치과의사도 많습니다. 세상 모든 직업이 그러하듯, 치과의사의 세계에도 흥망성쇠가 존재해요.

치과의사라서, 가 아니라 치과의사임에도 불구하고, 저는 늘 새로운 분야에 도전합니다. 결혼식에서 아내에게 들려주기 위해 색소폰을 배우거나, 환자들을 위한 새로운 건강기능식품을 개발하는 식이죠. 치과의사가 되기 위해 노력한 지난 세월이 도전의 과정이었듯, 앞으로의 삶도 끊임없는 도전의 연속이 되리라 생각해요.

도전을 반복하며, 상처받고 깨집니다. 때로는 울고 싶고 그만두고 포기하고 싶을 때도 있죠. 의사가 되는 과정에서 나는 수없이 포기하고 싶은 순간들을 지나왔어요. 그럴 때마다 나는 나만의 조용한 세리머니를 했습니다. 밤을 새워 공부하던 시절에 수업을 듣다가 졸릴때는, 자판기 커피에 찬물을 타서 원샷하기도 했어요. 뜨거운 커피를 차게 식혀서 원샷으로 마시는 것이, 나만의 세리머니였죠.

**'내가 원하던 것이 드디어 이뤄졌다.
이야, 한사무엘, 축하한다!'**

스스로에게 그렇게 축포를 터뜨리는 겁니다. 이뤄지지 않은 상태에서 이뤄진 상태를 끌어당기는 것. 그래서 저는 인생에는 '세리머니'가 중요하다고 믿어요. 사람들은 어떤 일이 달성되거나 원하는 결과가 나와야만 주변에 인정받는다고 생각하는데요.

저는 반대입니다. 내가 나 스스로를 먼저 인정하는 것이 중요하다고 믿는 거죠. 꼭 뭔가가 이뤄져서가 아니에요. 당장은 아무것도 이뤄지지 않아도, 눈에 보이는 성과가 없어도 먼저 축포를 터뜨린다, 가 포인트죠. 저는 그걸 '세리머니 퍼스트ceremony first'라고 명명합니다.

멋진 인생을 살고 싶으세요? 저는 처음부터 멋진 인생은 없다고 생각해요. 멋진 인생은 스스로 만들어야 하죠. 다른 사람의 삶을 사는 사람이 없고, 저마다 각자의 인생을 사는 거예요. 스스로에게 거는 '주문'이 중요합니다. 여기서 말하는 주문이란 '주문order'이기도 하고 '주문magic spell'이기도 하죠. 내 인생을 특별하게, 즐겁게 만드는 건 바로 우리 자신이라는 뜻입니다.

이 책은 제가 어떻게 스스로에게 주문을 걸고 사는지, 어떻게 해야 즐겁고 유쾌한 인생을 살 수 있는지에 대해서 제 생각을 담은 책입니다. 저의 잘난 척을 하거나 어줍잖은 인생철학을 나열할 마음은 없습니다. 사는 게 힘들고, 지겹고, 슬프다고 생각할 때 초콜릿처럼 꺼내먹을 수 있는 책이 된다면 더없이 기쁠 듯합니다.

2024년 1월

인천에서

타인보다 조금 더 낫다고 훌륭한 것이 아니다.
과거의 자신보다 더 훌륭해진 것이야말로 진정으로 성공한 것이다.

- 소설가 어니스트 헤밍웨이 -

목차

들어가며　　　　　　　　　　　　　　　　　　　7

첫번째, 세리머니
나는 나의 팬이 되고 싶다

학교를 자퇴했습니다　　　　　　　　　　　　　19
몰래 하는 짓이 더 재밌잖아요　　　　　　　　　25
열등감이 살아가는 동력일 때도 있는 법　　　　31
슈퍼카를 좋아하는 게 어때서요?　　　　　　　34
진정한 욕망은 영혼이 아는 법　　　　　　　　　38
처음은 힘든 게 당연하다　　　　　　　　　　　44
끝까지 할 필요가 없다　　　　　　　　　　　　51
즉흥적으로 결정해도 됩니다　　　　　　　　　56

두번째, 세리머니
인생 본 게임에 임하기 전에 갖춰야 할 무기들

놀 때는 신나게, 지구가 끝장난 것처럼　　　　　64
기왕에 쓸 거면 경험에 돈을 쓴다　　　　　　　68
모든 일의 목적이 돈일 필요는 없다　　　　　　73
이제는 안 궁금합니다만　　　　　　　　　　　77
임플란트를 할 때의 마음가짐　　　　　　　　　80
유머와 마음의 여유　　　　　　　　　　　　　85
그를 미워한다고 한들　　　　　　　　　　　　90
다 돌아옵니다. 감정도, 관계도　　　　　　　　94
인생은 원래 아슬아슬한 것　　　　　　　　　　99

세번째, 세리머니
어차피 100년 안에 죽는 인생인데

진화하는 치과의사   108
꿈은 명사가 아닌 동사이다   115
천만 개의 삶이 있는 거지요   120
저는 다른 일로 돈을 못 버는 사람입니다   125
긍정이 무기인 삶   130
너무 솔직해서 탈인가요?   135
돈걱정 하는 건 다 똑같아요   140
작은 성취의 소중함   146
우리 모두 언제 떠날지 모르잖아요   151
미안해하는 성격도 있는 거죠   158
이상을 좇아서 사는 삶   162
언제든 바뀔 수 있는 상태를 지향하며   166
행복은 아주 사소한 순간으로부터   170

에필로그

저는 아직 하고 싶은 일이 더 많습니다   178

첫번째, 세리머니

나는 나의
팬이 되고 싶다

첫번째, 세리머니

학교를
자퇴했습니다

어린 시절의 어느 생일 날, 어머님이 저에게 전자시계를 선물로 주셨습니다.

"이게 뭐야?"
"응, 미국에 있는 아빠가 보내주신 거야."

유학을 갔다는 아버지가 보내주신 '파란색 카시오' 전자시계는 어린 제 마음을 들뜨게 했습니다. 그 말이 어린 나를 위한 '선의의 거짓말'이라는 건 아주 오랜 시간이 흐른 뒤에야 알게 되었죠. 어머니는, 입는 것과 먹는 것 어느 하나 남부럽지 않게 저를 케어해주셨어요. '아버지의 부재'를 느낄 틈이 없도록 말이죠.

얼굴을 모르는 아버지를 그리워하기보다, 그 아버지는 어떤 사람이었을지, 의사였던 아버지는 어떤 사람이었는지 생각했던 것 같아요. 어머니의 아버지, 즉 저의 외할아버지는 전북 김제에서 종합병원을 운영하셨고, 외증조부는 한의사셨다고해요. 이렇게 대대로 의사 집안이셨고, 저 역시 피부과 의사였던 넷째 이모와 선교사인 여섯째 이모가 너는 늘 의료선교사가 되라고 하셔서 어릴 때부터 의사라는 직업을 자연스럽게 선망하게 되었어요.

'나는 아버지처럼 의사가 되어야 하는 걸까.'

어린 마음에도 그런 생각을 하면서 공부를 꽤나 열심히

했던 것 같습니다. 부모님 말을 잘 듣고 하라는 대로 잘하는 아이, 저의 어린 시절 캐릭터는 그랬던 것 같아요. 친구들과 온라인 게임을 하는 시간 빼고는, 학교 공부에 충실했었고 주변에서 '공부 잘하는 애'라는 평판도 들었으니까요.

이렇게 살아도 되는 걸까

그런데, 저는 어쩐지 가슴 한쪽이 텅 빈 것 같은 마음이 늘 있었습니다. 뭔가 채워지지 않는 욕구라고 할까요. 이렇게 살면 의사가 되리라는 건 알겠는데, 그게 제가 진심으로 원하는 삶이었는지 의문이었어요. 그렇다고 의사가 싫다고 공부를 박차고 나갔느냐면 그건 또 아니었어요. 엄마와 주변 가족들을 실망시키고 싶지 않았죠. 그래도, 똑같은 의사의 꿈을 품었어도 삶의 주도권을 내가 가져와야 한다는 생각을 했던 것 같아요.

그래서 제가 뭘 했냐고요? 과감하게 고등학교를 자퇴했습니다. 고등학교 2학년 때였던 것 같아요. 굳이 학교 졸업장을 기다리지 않고도, 제가 검정고시로 고등학교 졸업장을 따내고 이후의 진로를 조금 더 일찍 선택할 수 있다고, 나름대로는 꽤 자신만만하게 선언했던 거죠.

어찌보면 그때부터 일찍 '세리머니'를 하는 저의 성향이 꿈틀거렸던 건지도 몰라요. 사실 자퇴를 하고 싶었던 이유도 '빨리 성공해서 내가 원하는 삶을 살겠다'는 욕망 때문이었거든요. 좋은 차를 타고, 좋은 옷을 입고 화려하게 살고 싶다, 는 건 어쩌면 제 안의 부캐였는지도 모르겠네요. 현실에서 당장 실현이 안 되니 게임 속 세상에서 제 나름의 변신을 도모하다가, 어느 날 현실에서 일을 저질러 버린 거죠.

참 특이한 건 그런 제 결정을 존중해주신 어머니였어요. 어느 날 제가 자퇴를 하겠다고 하니 어머님은 고민끝에 딱 한 마디 하셨거든요.

"그러려무나."

대학시절 내 공부방의 모습. 오로지 '공부' 외에는 아무 것도 신경쓰지 않았던 시절이었다.

어머님한테는 "자퇴를 해서 검정고시를 더 빨리 보겠다"고 호언장담했지만 내심 저는 '본격적으로 학교를 안 가고 놀아볼 수 있겠다'고 생각했던 것 같아요.

첫번째, 세리머니

몰래 하는 짓이
더 재밌잖아요

재수를 하려면 서울로 와야 한다고 생각해서, 서울에 있는 유명 재수학원인 C학원에 등록을 했어요. 학원에 등록하기 위해서는 시험을 치러야했는데, 눈오던 새벽에 출발해 겨우 도착해서 시험을 치르고, 합격을 했을때 가족들이 기뻐했던 모습들이 아직도 눈에 선합니다. 지금생각해보면 겨우 재수학원에 합격했을 뿐인데도요. 이제 본격적으로 공부를 하면 되는데, 이상하게 집을 벗어나니까 공부가 더 하기 싫은 거죠. 말은 자취를 하면서 공부한다고 해서 방까지 얻었는데, 주변에 재미있는 것들이 너무 많았어요.

포장마차 골목에서 친구들과 우동에 소주 한 잔 하는 그 맛을, 저는 너무 일찍 알아버린 것 같아요. 아주 추운 겨울날에 공부는 일찍 접고, 뜻이 맞는 친구들과 눈을 펑펑 맞으면서 소주를 마셔보는 경험은, 해보지 않은 사람은 모를 겁니다. 요즘은 '낭만'이라는 키워드가 유행하던데 당시엔 정말 그게 '낭만' 그 자체였어요.

낭만의 맛

저는 헤밍웨이를 좋아하는데, 헤밍웨이 역시 어린 시절 의사인 아버지의 부재 상황에서 탐험가와 모험가의 기질을 가지고 있었어요. 그는 여러 명의 부인을 두고, 사냥과 낚시 등의 취미를 즐기는 등 인생을 다채롭게 살고자 노력했던 사람이죠.

그렇게 적당히 공부를 했으니 당연히 서울대는 못갔죠.

대신 나름 '꼼수'를 써서 특별전형이 있는 전북대에 입학하게 됩니다. 이후에는 의학대학원에서 의학을 전공할 생각이었어요. 그때 어머님이 저를 꼬신 이유도 참 지혜로웠어요. 제가 차를 좋아하는 걸 아시고, 다시 고향으로 내려오면 차 한 대를 뽑아주마 했던 거죠.

그때 수능을 끝내고 면허를 딴 다음날 제가 어머니가 교회갈 때만 타시던 누비라를 몰고 여자친구와 서울로 드라이브를 다닌다고 진땀 뺐던 기억이 새록새록 하네요. 전주에서 의기양양하게 면허를 따고 운전 별 거 아니네, 라고 생각했던 제가 면허 따자마자 서울에 갔으니 말이죠. 겁이 나서 차 없는 새벽에 돌아왔습니다. 어머니께는 다녀와서 말씀드렸구요. 원래 몰래 하는 짓이 더 재미있잖아요.

꼭 엘리트가 아니어도 괜찮아

사람들은 치과의사면 공부를 원래 엄청 잘했을 거라고 생각하는데 제 경우는 아니었어요. 늘 아슬아슬하게 턱걸이를 하는 쪽이었죠. 저는 혼자서 될 때까지 우직하게 하는 스타일이지, 친구들하고 정보를 공유하고 '꿀팁'을 잘 얻어내는 스타일도 아니었어요.

처음 대학에 입학한 이후에도 적응에 굉장히 애를 먹었죠. 서울 물좀 먹었다고 으쓱해서인지, 오리엔테이션조차도 참석하지 않아서 아는 사람이 없었거든요. 하루종일 친구가 없어서 강의실에 혼자 있었던 적도 있어요. 소위 말하는 '대학 부적응자'였죠. 그런데 그 사실이 괴롭거나 부끄럽지는 않았습니다. 저는 제 식대로 노는 걸 좋아했고, 그런 저를 좋아해주는 친구들과 어울렸어요. 연애도 꽤 많이 했던 것 같습니다.

내가 의사가 되기로 결심한 이유

그런데, 그렇게 한동안 '낭만'에 빠져 공부를 잘 하지 않았던 제가 의사가 된 이유가 있어요. 바로 저를 믿어주신 어머님 때문이었죠. 어머니는 제가 대학원진학을 위해 수험생활을 하는 내내 하루도 빠짐없이 제 도시락을 싸주셨어요. 그것도 직장에 다니시면서요. 공부하라는 잔소리를 하는 게 아니라, 매일 그냥 아무 말 없이 묵묵히, 도시락을 싸주시는 것으로 저를 믿어주신 거죠. 덕분에 아침 일찍 학원에 가서 점심, 저녁을 도시락으로 해결하고 밤늦게 집에와서는 잠만 잘 수 있었습니다.

그런 어머님을 실망시켜드리지 않기 위해서라도 저는 공부를 열심히 해야 했어요. 남들은 성공하겠다는 열망과 강한 목표의식으로 공부를 했다면, 저를 움직인 동인은 딱 한 가지 '사랑하는 사람을 실망시키지 말자'였죠. 그렇게 약 8개월간 에너지드링크를 음료처럼 마시고, 1.5리터 페트병에 든 블랙커피를 물처럼 마셔가며 시험에 합격할 수 있었습니다.

그렇게 많이 놀았어도 제가 치과의사가 된 걸 보면 신기하고 희안합니다. 만약 놀지 않고 더 피나게 공부했으면 더 좋은 대학에 갔겠지만 저는 후회는 없어요. 제 주변 치과의사 친구들을 보면 놀아보지 않은 사람은 나중에 방황을 꼭 하더라구요. 사람은 결국 인생 전체에 반드시 놀아야 하는 어떤 총량이 있지 않을까, 그런 생각도 해보게 됩니다.

 몰래 놀 때 좋은 점 또 한 가지는 밀도 있게 놀 수 있다는 거죠. 30분을 놀더라도 3시간처럼 밀도 있게! 왜냐하면 몰래 놀 수 있는 시간은 그리 길지 않으니까요.

첫번째, 세리머니

열등감이 살아가는
동력일 때도 있는 법

저를 아는 친한 사람들은 저에게 그럽니다. 일찍 집을 나가버린, 아버지가 가끔 밉지 않느냐고요. 저도 어릴 때는 아버지가 미운 때가 있었죠. 겉으로는 아무렇지 않은 척 했지만, 아버지라는 존재의 부재가 살면서 마음 속의 불안과 그늘로 자리잡았어요.

그러다보니 어쩔 수 없이 열등감이라는 감정이 생기더군요. 그런데 지금와서 돌이켜보면 열등감을 저는 꼭 나쁘게 보지는 않았던 것 같아요. 마치 열등감을 땔감처럼 썼다고 할까요. 지독한 의사 공부를 제가 끝까지 포기하지 않았던 이유도, '그래, 나는 아빠가 없으니까 반드시 성공해야만 해'라는 열등감에서 비롯된 거예요. 열등감이 심하면 콤플렉스가 되고, 나를 갉아먹는 요소이겠지만 적당한 열등감은 오히려 삶의 원동력이 되지 않을까, 하고 생각합니다.

열정이라는 공통 분모

만약 열등감이 없이 모든 것이 편안하고 완전한 상태에서 시험을 준비했다면 저는 떨어졌을 수도 있을 것 같아요. 가뜩이나 놀기 좋아하는 제가, 간절함 따윈 잊고 그저 될 대로 되라, 는 식이었다면 시험에는 당연히 붙을 수가 없는 거겠죠.

한국말은 참 신기합니다. 무언가를 향한 뜨거운 열정이다, 라고 하면 긍정적인 느낌으로 가치를 부여하지만, 무언가를 향한 열등감이었다, 고 하면 부정적인 느낌으로 좌절한다고 생각하죠. 하지만 열등감과 열정은 동전의 양면처럼 붙어 있어요. 그 둘은 다른 감정이 아닙니다.

열등감을 가졌다는 것은, 무언가 극복해내야 할 에너지를 품고 있다는 거죠.

열정을 가진 사람도 무언가를 달성 또는 성취해내기 위해 에너지를 써야 해요. 극복하기 위한 에너지와 성취하기 위한 에너지는 결은 다를 수 있지만 그 동기는 같다고 봅니다. 나를 이겨내기 위한 노력이라는 점에서는 같아요.

저는 오히려 아무런 열등감과 열정이 없이, 삶에 대한 열정 자체가 없는 경우가 더욱 걱정스럽다고 생각합니다. 열등감은, 나를 진하게 사랑하기 때문에 생기는 감정입니다. 세상에 아무 것도 사랑하지 않는 것보다, 나를 진하게 사랑하는 것이 낫지 않을까요?

첫번째, 세리머니

슈퍼카를 좋아하는 게 어때서요?

저는 차나 명품을 좋아하는 것도 나쁘지 않다고 봐요. 아무 것도 사랑하지 않는 것이 문제이지, 자신이 욕망을 가진 것을 사랑하는 건 나쁜 게 아닙니다. 물론, 그 욕망에 통째로 사로잡혀 자기 인생을 내어준다면 불행이겠지요. 하지만, 욕망의 주도권이 나에게 있다면 얼마든지 욕망해도 됩니다. 삶은 욕망하는 게 많을수록 행복해져요.

저는 돈을 벌지 않던 고등학생 시절부터 책상 앞에 수입

차 사진을 붙여놨어요. 타고 싶은 차를 쳐다보기만 해도 행복해지더군요. 그리고 매일 그 사진을 보다보니 제가 마치 이미 그 차를 타고 있는 것 같은 느낌도 들었어요. 그 뒷이야기는 짐작하시다피입니다. 저는 돈을 벌기 시작하자마자 그 차를 샀어요. 꿈에 그리던 차였죠.

 원하는 아파트를 사기 위해, 원하는 명품 백을 갖기 위해 노력하고 욕망하는 건 건강한 것이고 자연스러워요. 저는 그 편을 적극 권장합니다. '나는 왜 저런 명품백이 없을까' 하고 고민하는 자기 자신을 미워하지 마세요. 그 가방을 갖기 위한 열망으로 열심히 일하고, 또 돈을 모으는 행동 자체가 누군가에게는 삶의 에너지가 될 수 있으니까요.

꿈에 그리던 차 롤스로이스를 몰아보니 희열감을 느끼면서 한편으로는 '이 감정이 전부인가'하고 허탈해했던 기억이 난다.

행운은 준비된 사람에게만 찾아온다.

- 소설가 어니스트 헤밍웨이, 『무기여 잘 있거라』 중에서 -

첫번째, 세리머니

진정한 욕망은
영혼이 아는 법

세상에는 자기 자신이 무엇을 원하는지 명확히 아는 사람들이 있죠. 원하는 게 뭔지 알면 선택도 잘하고, 인생에 고민이 필요 없어요. 하지만 그렇게 하지 못하는 사람들이 더 많잖아요.

저도 그랬어요. 열심히 의사가 되기 위해 공부를 하고 있으면서도 '내가 원하는 게 정말 의사일까'라고 스스로 자문해보면 답을 내리지 못했거든요. 그래서 처음에는 치과의사가 아닌, 가족들의 바람에 따라 의사가 되려고 공부를 했어요.

그런데 대학원에서 원서 접수를 하기 전에 문득 '나는 치과의사가 되고 싶다'는 생각이 들더군요. 그건 단순히 순간적으로 떠오른 생각도 아니고, 그렇다고 충동적인 판단도 아니었어요. 이미 그 전부터 오랫동안 진로 고민을 해왔던 것이, 결정의 순간이 임박하자 저도 모르게 제가 진짜 원하는 게 무엇인지를 알게 된 순간이었죠.

내 영혼에게 묻기

저는 이걸 영혼에게 묻는다, 고 표현합니다. 내가 머리로 아는 것 말고, 내 가슴이 아는 것은 따로 있어요. 내 가슴이 원하는 걸 알기 위해서는 내 영혼에게 물어야 합니다. 그런데 영혼의 언어는 즉답을 하지 않아요. 조금씩, 잔잔하게 파도처럼 내게 밀려오는 생각들이 바로 영혼의 생각이죠.

저도 대학원에 진학하기 전에 그렇게 영혼의 파도가 밀려

오다가 원서를 내야 하는 순간에 즉각적으로 깨닫게 된 거예요. 만약 그때 제가 영혼의 목소리를 듣지 않고, 의사가 되었다면 저는 다른 사람들이 가는 길을 무심코 따라서 걷는, 그런 의사가 되었을 겁니다. 그 순간, '아, 정말 마음은 내가 원하는 답을 알고 있구나'라는 확신이 들었어요.

그 이후부터는 답답하고 고민이 생기면 내 머리가 아닌, 내 영혼에게 묻는 습관이 생겼습니다. 병원 자리를 얻을 때도, 결혼을 결정할 때도 그랬어요. 인생의 방향을 정하는 중요한 시기에 머리로 판단하는 건 그다지 도움이 안 되더라구요. 계산을 넘어서 직관의 영역에서 내리는 결정이야말로, 진정으로 나를 위한 결정이었음을 후에 알게 되었습니다.

영혼에게 물을 때는, 영혼이야말로 자기 자신을 잘 아는 당사자라는 점을 아는 것이 중요합니다. 내가 생각하는 나의 모습을 머리로 판단했을 때는 왜곡의 필터링이 되죠. 내 지식과 경험에 비추어 자기 자신을 왜곡하는 일이 현실에서는 비일비재 하잖아요.

그런데 영혼은 거짓말을 못하거든요. 후에 제가 왜 치과의사를 선택했는지 가만히 생각해보니 원래 내 타고난 성향과도 잘 맞는다는 걸 알았어요. 저는 피를 보거나 수술을 하는 건 전혀 불쾌하지 않지만, 의사로서의 사명감을 가지고 수련을 하면서 헌신하는 유형의 사람은 아니었던 거예요. 내가 가진 탁월한 의술로 사람들에게 도움이 되면서, 나 역시 최대한 빨리 돈을 벌 수 있는 방법을 생각하다가 치과의사가 되기로 결정한 거죠.

돈 벌기 위해 의사가 되는 것

이렇게 말하면 어떤 사람은 그럴 수 있어요. 돈을 벌기 위해 의사가 되는 건 좀 그렇지 않느냐고. 그런데 저는 의사는 돈을 벌기 위해 하는 거라고 생각해요. 물론 어떤 사람은, 사회적 약자를 돌보는 데 사명감과 측은지심을 가진 높은 도덕성을 가지고 있을 수 있죠. 하지만 제가 아는 대부분의 의학을 전공한 동기들은 돈을 잘 벌려고 의사가 됩니다.

저는 돈을 벌기 위해 의사가 되는 건 전혀 나쁜 게 아니라고 봐요. 오히려 이런 자기 욕망을 발견하고 충실할수록 인생이 평온해집니다.

저는 원래 성격이 실리적이고 복잡한 걸 싫어하는 심플한 성격이거든요. 이런 제 성격에 딱 맞는 쪽이 치과의사라는 걸 스스로 깨닫게 된 것이죠. 어려서 부터 자동차를 좋아했기에 좋은차를 타고 싶었고, 그러기 위해서는 돈이 필요하고, 그렇다고 집안이 유복해서 물려받을 재산이 많거나, 물려받을 사업이있었던것도 아니기에 제 스스로 해내야 했습니다. 그러기 위해서 할 수 있는게 무엇이 있을지 고민끝에 내린 결정이었던거 같습니다.

괜찮습니다. 내가 원하는 걸 기꺼이 그렇다고 인정하세요. 그게 돈이면 돈, 성공이면 성공, 좋은차라면 좋은차라고 인정하세요. 그럼 뭐 어떤가요? 그 욕망이 동력이 되어 삶을 충실하게, 재미있게 살 수 있다면 그걸로 된 거라고 저는 생각합니다. 비록 내가 원하는 걸 손에 넣지 못한다고 하더라도요.

첫번째, 세리머니

처음은
힘든 게 당연하다

현재 인천에서 개원의로 일하고 있는 저는, 매일 수많은 환자들을 보면서 바쁘게 진료를 하고 있습니다.

월급을 받고 일하는 소위 '페이 닥터' 생활을 비교적 짧게 하고, 기존에 있던 병원을 인수해서 안정적으로 운영하고 있는 걸 보면 스스로가 대견하다기보다는, 그저 기적 같다는 생각을 많이 해요. 페이닥터 생활이 편치만은 않았는데, 어쩌면 그것이 개원시기를 앞당겨 준 것 같아 당시에는 미웠던 그곳 원장님께 지금은 오히려 고맙게 생각합니다. 제 기준에서 보았을때 그 분이 실력이 뛰어났던것도 아니고, 스펙이 화려한것도 아니었는데 눈코뜰새 없이 바쁘게 운영되는 걸 보면서, 개원을 하고 환자를 유치해서 성공적으로 꾸려나가는 것의 키포인트는 실력이 아니라는것을 깨달았거든요. 그 생각을 근무 3개월 차쯤 부터 시작했고, 8개월 차엔 문을 박차고 나와 개원했습니다.

그런데 병원 운영 경험이 없는 사람이 처음 개원을 하면 힘들어요. 고생을 정말 많이 합니다. 환자들의 클레임은 기본이고, 각종 수술 및 시술을 하면서 실수를 할 때도 있어요. 심각한 경우는 환자로부터 고소를 당하는 주변 케이스도 있습니다. 저야 다행스럽게도 그 정도로 힘든 상황은 없었지만, 초반에 병원 운영할 때는 저 역시 밤잠을 설치고 살이 쭉쭉 빠질 정도로 힘들었어요. 첫 1년 간은 원형탈모도 생겼었습니다.

누구나 완벽할 수 없다

그런데 하다 못해 동네에 편의점을 개업해도 힘들어요. 나는 카운터를 본 적도 없고, 편의점 관리를 해본 적도 없는데 돈을 벌기 위해 개업한 거잖아요. 그럼 당연히 온갖 문제들이 처음에 튀어나옵니다. 병원이라고 다를까요? 게다가 병원은 환자들의 생명을 다루는 장소잖아요. 제가 진료를 잘 못하면 어떤 사람은 밥을 못 먹을 수도 있고, 어떤 사람은 통증을 계속 호소할 수도 있는 것이기에 완벽한 진료를 해야만 해요.

제가 의학드라마에 나오는 신적 존재라면 실수가 없겠죠. 그런데 저는 참 많은 실수를 했습니다. 그리고 괴로워했어요.

'아, 나는 왜 이것밖에 되지 않을까'
'왜 오늘은 더 진료를 잘할 수 없었을까'

그리고 자책의 강도가 심해지자 급기야는 아무도 만나고 싶지 않은 지경까지 가더군요. 개원 초기에는 동기들과 병원 운영에 대해 대화도 나누고 정보를 주고받았는데, 개원 3개월, 1년이 지나니까 아무 하고도 말하고 싶지 않은 거예요. 그냥 퇴근하면 집에 가서 방에 가만히 누워서 반려견만 끌어앉고 있었습니다.

당시에는 그랬어요. 제 스스로 실수를 했다는 걸 받아들이지 못했죠. 내가 실수하는 게 당연하고 실수할 수밖에 없다는 걸, 그때는 왜 받아들이지 않았을까요? 그래도 나름 욕심을 가지고 병원을 운영하는 것인데, 환자들 10명이면 10명에게 모두 칭찬을 받고 싶었고, '진료를 참 잘한다'는 말을 듣고 싶었던 것 같아요.

그런데 사람인지라 그럴 수 없잖아요. 10명 중에 최소한 한 두 명은 저희 병원의 진료가 만족스럽지 않을 수 있죠. 또 그 중에 일부는 제가 한것이 아님에도, 저때문에 이렇게 됐

다며 치아를 다시 해달라고 병원을 찾을 수 있는 거예요. 처음에는 이 사실이 용납되지 않더군요. 완벽주의자가 아님에도, 내가 최선을 다해 진료한 결과를 환자들이 받아들이지 않을 수도 있다는 걸, 인정하고 싶지 않았던 거예요.

지금은 바뀌었습니다. 모든 환자에게 최선을 다하지만, 모든 환자들이 저를 칭찬할 수는 없다는 걸 말이에요. 누구는 싫은 내색을 할 수 있고, 누구는 저에게 고맙다고 빵을 사 가지고 옵니다. 내가 진료를 하는 방식이나 태도는 변함이 없는데, 그 결과가 환자마다 다르게 돌아온다는 것을 이제는 받아들이게 된 거예요.

힘듦을 받아들이는 법

차이는 단순히 그거였어요. '힘듦'을 어떻게 할 것인가. '힘듦'의 순간이 찾아왔을 때 혼자 속으로 삭히면서 끙끙 앓기만 할 것인가, 아니면 이 순간이 당연한 거라고 생각하고 이를 받아들일 것인가. 신기한 것이 받아들이고 나니까 모든 게 편해지더군요. 제가 모르던 분야를 알게 되고, 만나지 못했던 유형의 환자들을 만나는 과정을 '힘듦'으로 받아들이는 게 아니라 '당연함'으로 받아들이니까 스트레스가 절반으로 줄었어요.

저는 병원을 운영하면서 원하는 게 명확했어요. 환자들에게 만족을 주고, 단골을 많이 유치해서 돈을 많이 벌어보자! 그리고 그 과정의 시행착오가 나에게 힘듦을 준다는 걸 받아들이니까 모든 것이 배움의 과정으로 바뀌었죠.

지금은 그렇게 생각합니다. 어떤 일을 시작할 때, 내가 실수하고 실패하는 건 당연한 거라고. 나보다 능력이 뛰어난 사람이 같은 일을 하더라도, 처음에는 반드시 실수할 수밖에 없는 거라고 말이죠. 주변에 가끔 하는 일과 인간관계에서 지나치게 힘들어하는 후배를 보면 요즘은 그렇게 말해줍니다.

"사람은 원래 힘들어. 그리고 일은 하면 할수록 힘든 거지. 익숙함과는 별개로 원래 힘들다는 사실을 받아들이느냐, 아니냐의 차이라고 보면 돼."

첫번째, 세리머니

끝까지
할 필요가 없다

　인생은 경험의 질이 좌우합니다. 어떤 사람은 질보다 양이 중요하다고 할 수 있겠지만 저는 인생은 양보다 질이라고 생각해요. 무슨 말이냐 하면, 어떤 경험을 할 때 그 경험을 통해서 내가 어떤 순간을 맛보는지가 중요하지, 그 경험을 통해서 꼭 어떤 결과물을 내거나 끝까지 억지로 해야 할 필요는 없다고 생각합니다.

　저는 다양한 걸 배우고, 또 도중에 그만두기도 합니다. 승마에 꽂혀서 말을 타던 때도 있고 테니스를 배우다가 몇 달 만에 그만두기도 해요. 그럼 저의 이런 '인생관(?)'을 모르는 사람들이 그렇게 말하죠.

"그렇게 조금만 하다가 포기하면 너무 아깝지 않아? 그러지말고 하나를 진득하게 끝까지 해봐."

그런데 저는 어떤 것에 호기심을 느끼고 그 호기심이 충족될 때까지의 순간을 경험하는 것이 중요하지, 그 일을 완벽하게 끝마치는 것에 대해서는 큰 욕심이 없어요. 예를 들어서 테니스를 치면 꼭 아마추어 대회에 나가야 한다거나, 수영을 시작하면 꼭 접영, 배영을 마스터해야 한다거나, 하는 식의 압박감을 갖지 않는 거죠.

경험을 할 때 진짜 중요한 것

중요한 건 경험을 해보고, 그 경험을 통해 내 호기심을 채우고 가치를 발견하는 것이죠. 앞서도 욕망의 중요함을 여러 번 적었는데요. 욕망을 품을 때, 그 대상이 기왕이면 경험이 되어야 한다고 생각하는 쪽이에요.

소비의 경우, 그 물건을 사면 더 이상 그 대상을 향한 욕망이 작동하지 않아요. 사기 전까지는 애가 닳지만 막상 사고 나면 그 욕망은 꺼지게 되죠. 하지만, 경험은 그 일을 하는 과정에 여러 감정과 생각을 느낄 수 있기 때문에 훨씬 오래 가죠.

저도 욕망을 키워가는 초반에는 주로 소비재에 돈을 썼어요. 차와 시계 같은 것들에 돈을 썼는데 이런 것들은 한계가 분명하다는 생각이 든 이후부터는 주로 경험에 돈을 쓰고 있죠. 같은 돈을 쓰더라도 욕망이 다채로워지는 건 확실히 경험 쪽인 것 같습니다.

그런데 경험이 중요하다는 건 알아도, 그 경험으로 무언가 얻는 것이 있거나 결론을 내야 한다는 생각이 만연한 것 같아요. 많은 이들이 이렇게 생각한다는 걸 알고 솔직히 조금 놀랐습니다.

"아니, 내가 하고 싶은 걸 해봤으면 그걸로 된 거 아닌가? 왜 꼭 여기에서 무언가 이뤄야 하지?"

물론 성취가 나쁜 건 아닙니다. 하지만 어떤 일을 경험할 때는 성취감 말고도 겪는 것들이 많아요. 수영을 배울 때는, 내 수면 습관을 알 수 있고 전신거울 앞에서 내 체형을 들여다보기도 하고, 다른 사람에게 배울 때 내가 어떤 감정이 드는지 같은 것을 경험하게 되죠.

꼭 접영이나 배영을 능숙하게 하는 것만이 답은 아닙니다. 이건 마치 여행의 의미가 꼭 그 목적지에 도착하는 것만이 아닌, 여행을 하는 과정에 있는 것과도 같죠. 그러니까 어떤 걸 경험할 때는요. 꼭 끝까지 해야 한다는 압박감을 가질 필요가 전혀 없어요.

호기심이 생기는 분야를 그냥 하세요. 해보고 재미 없으면 그만두고 더 재미있는 걸 찾으면 되요. 하다가 뭔가가 되지 않아도 되요. 그냥 배웠다는 사실 자체에 의미를 두고 내가 계속 이걸 배우고 싶은지, 아니면 다른 또 무언가가 배우고 싶은지를 스스로 아는 것이 더 중요합니다.

첫번째, 세리머니

즉흥적으로
결정해도 됩니다

저는 어떤 결정을 할 때 머리를 참 많이 씁니다. 의사라는 직업이 그래요. 두뇌회전이 빨라야만 살아남는 업종이죠. 하지만 머리보다 더 많이 영혼을 쓰려고 노력해요. 내 영혼이 직감적으로 선택할 때는, 그 결과가 항상 머리로 결정한 것보다 나은 결과를 낸 적이 많았거든요.

예를 들어 저는 병원 개원을 할 때도, 인수할 병원을 물색하고 그 자리에서 결정했어요. 물론 병원의 매출이나 환자현황 같은 것들은 파악을 했죠. 하지만 이걸 보고서 재고 따지거나, 심사숙고하지 않고 곧바로 기존 원장님께 말씀드렸습니다. 오죽하면 그 원장님이 "아니, 병원 인수를 그렇게 쉽게 결정할 수 있는 거냐"고 오히려 '화(?)'를 내실 정도였어요.

그런데 알 수 없는 직감의 힘으로 결정을 한 부분은, 머리로 아무리 계산을 해도 이해가 되지 않습니다. 솔직히 말하면 저 역시 제가 왜 그런 결정을 해야 하는지, 이해하지 못할 때도 많아요. 하지만 결과적으로는 잘한 결정이 되는 거죠.

제가 인수한 병원은 이후에도 환자들이 무척 늘어나 지역에서 꽤 '잘 나가는' 병원이 되었습니다. 그건 제가 진료를 잘 보고 병원 경영을 잘해서 그런 게 아니라, 그 병원이 원래부터 사람을 기분좋게 하는, 손님이 많을 수밖에 없는 그런 병원이라는 걸 제가 직감적으로 눈치챘기 때문이에요.

때로는 머리로 판단하는 것보다 가슴으로 판단하는 것이 옳을 때가 많습니다.

두려워서 망설이는 사람들에게

저는 결혼을 할 때도 직감을 따랐습니다. 아내를 인스타그램에서 보고 첫 눈에 반해 먼저 연락을 했어요. 아내는 대구에서 필라테스 강사를 했었는데, 저랑 만나면서 자연스럽게 인천으로 올라와 같이 살게 되었죠. 어떤 사람들은 SNS를 통한 연애가 너무 가볍게 끝난다고 하지만 저는 연애를 한 번 시작하면 오래 하는 스타일이라 아내와도 메시지로 연락을 받다가 곧장 만났고, 이후 오랜 교제 끝에 결혼까지 하게 되었죠.

너무 망설이지 마세요. 내가 좋아하고 원하는 걸 선택하는 데 있어서 기회비용을 따지거나 내가 손해볼 것 같다고 망설이느니 차라리 조금 손해보고 내가 부끄러움을 당하더라도 먼저 시도해보는 것이 좋습니다. 제 경험만 보더라도 그렇게 시도했을 때 걱정한 일이 벌어진 적은 별로 없었으니까요.

두번째, 세리머니

인생 본 게임에 임하기 전에
갖춰야 할 무기들

인생은 룰렛과 같아서,
당신이 무엇을 선택하느냐에 따라 달라진다.

- 소설가 어니스트 헤밍웨이 -

두번째, 세리머니

놀 때는 신나게,
지구가 끝장난 것처럼

저희 치과는 참 신기합니다. 휴가때는 일주일씩 문을 닫기도 해요. 제가 어느 날 "선생님들 저희 올해 너무 고생했으니 조금 쉴까요?"하면 모두가 찬성하는 식이죠.

돈을 버는 것도 중요하지만, 사람은 할 수 있는 한 최대한 많이 쉬어줘야 해요. 물론, 일할 때는 누구보다 치열하게 집중하지만요. 설령 제가 지치지 않는다고 해도 저와 함께 일하는 위생사 선생님들과 직원들을 위해 저는 과감하게 휴식을 선언합니다.

작년 여름에 2주 동안 휴가를 가서 치과 문을 닫았습니다. 그러면 주변사람들은 "환자가 몰릴 때인데 그렇게 쉬어도 병원이 괜찮느냐"고 하지만, 저는 상관없다고 합니다. 고객들에게 미리 양해만 구하면 병원을 2주 정도 쉰다고 한들, 매출이 크게 떨어지지 않아요. 몇 해 동안 병원을 운영해보니 알겠더군요. 결국 제가 일을 치열하게 하든, 쉬엄쉬엄하든 어떻게든 그 달에, 혹은 그 해에 벌 돈은 다 벌게 되어 있다는 걸 말이에요.

그러니까 저는 쉴 때 최대한 푹 쉬어주는 편입니다. 어떤 치과의사들은 "쉬면 하루 매출이 얼마인데..."하고 그래도 다만 얼마라도 매출을 내려고 병원을 365일 열어요. 그런데 저는 그렇게 하면 제 스스로도 금세 지칠뿐더러, 병원을 찾는 환자들이 그런 제 피곤한 모습을 보고 발길을 돌릴 것 같아요. 기왕이면, 환자들에게 웃는 얼굴로 최상의 서비스를 할 수 있어야 한다고 생각하니까요.

나는 누구보다 부지런하다

그럼 저는 게으른 사람일까요? 천만에요. 제가 병원을 운영하면서 하는 일을 헤아려보면 아마 깜짝 놀라는 사람이 많을 겁니다. 저는 제가 호기심을 갖고 하는 일에는 철두철미하게 몰입해요. 그리고 한 번 해야겠다고 마음먹은 일에서는 포기하지 않고 최선을 다합니다.

그런데 그게 자칫 만사를 제쳐두고 그것에만 몰두하는 것처럼 비춰지는 건 원치 않아요. 저는 의식적으로 모든 활동을 구분합니다. 환자를 볼 때는 세상에 환자밖에 없는 듯 진료를 하지만, 병원 문을 닫고 취미활동을 하러 갈 때는 또 그것에 미친 듯이 몰두해요.

요컨대 저는 단지 어떤 일을 할 때는 다른 생각을 안 할 뿐이에요. 놀러 갈 때는 병원 생각을 아예 안 하고, 진료를 할 때는 노는 생각을 않는 거죠. 그렇게 하면 하루에 여러 가지 일들을 하더라도 그 순간에만 몰입할 수 있어서 굉장히 건강해져요. 더불어서 다른 사람보다 많은 일을 할 수 있죠. 인생을 두 배 더 효율적으로 사는 셈이랄까요.

그래서 저는 주변에 친한 사람들에게도 '기왕 할 거면 미친 듯이 살아라'고 말해줍니다. 적당히 하면서 많이 쉬는게 '워라밸'이 아니에요. 진짜 워라밸은 누구보다 치열하게, 집중해서 몰입하는 삶이라고 저는 생각합니다. 엘런머스크가, 빌게이츠가 과연 워라밸을 생각해가며 성공을 이루었을까요? 그들은 절대로 한가하지 않아요. 놀 때는 지구가 끝난 것처럼 미친 듯이 놀아야 하고, 일을 할 때는 그 일로 올림픽에 나간 것처럼 일하자는 게 제 모토입니다.

두번째, 세리머니

기왕에 쓸 거면
경험에 돈을 쓴다

우리가 사는 세상은 자본주의 세상입니다. 일한 결과를 월급으로 받고, 내가 추구하는 걸 얻는 데 비용을 쓰는 것처럼 모든 것이 돈으로 환산되는 세상을 살아가고 있죠. 다시 말해 살면서 소비라는 걸 떼려야 뗄 수 없는 삶을 살 수밖에 없다는 뜻입니다.

저도 별의 별 소비를 다 해본 것 같아요. 남들이 좋다는 차와 시계, 옷도 사보고 온갖 사치품을 사보기도 했어요. 꼭 돈이 많아서라기보다는 내가 번 돈을 그런 데도 실컷 써보고 내 스스로를 한 번 추켜세워보자는 생각이 있었던 거죠.

그런데 상품에 소비하는 건 한계가 있더군요. 처음엔 만족스러웠던 상품도, 일주일이면 금방 적응하거나 질리는 제 모습을 발견했어요. 그것이 싸든 비싸든, 소비재라는 데 돈을 쓰는 것은 무한 반복 게임처럼 끝이 없다는 사실을 발견한 게, 불과 몇 년 되지 않았습니다.

뇌를 속이는 게임

지금은 오로지 경험에만 돈을 쓰려고 해요. 무언가를 이루고 도전하는 데 아낌없이 쓰면 그 만족감은 생각보다 오래 가더군요. 우리 뇌는 도파민에 쉽게 중독되는데, 도파민이 쉽게 나오게끔 하는 방법으로 소비를 선택하는 경우가 많아요. 만약 내가 무언가를 소비해야 삶이 행복하고 즐겁다면 현재 내가 도파민 중독 상태일지도 모릅니다.

경험에 투자하면 도파민이 훨씬 더 많이 나오고, 또 오래 가는 듯해요. 새로운 취미를 갖는 방법을 추천하고 싶습니다. 매일 똑같은 생활을 반복하다보면 금방 지루해지죠. 그러다보면 또 물건 소비로 스트레스를 풀게 되기 때문에, 그럴 때는 내가 관심 갖지 않았던 새로운 분야를 탐구해보면 좋아요.

제가 아는 분은 뒤늦게 수학 공부에 빠져서 열심히 매일같이 수학을 풉니다. 어떤 사람은 자기가 원래 물을 무서워했는데 스킨스쿠버에 빠지기도 하고요. 무엇이든 도전해보면 내가 정말 그걸 싫어했는지 좋아했는지, 혹은 그 일을 잘하는지 못하는지를 금방 알게 됩니다.

그래서 경험에 쓰는 돈은 결코 헛되지 않습니다. 반드시 어떤 형태로든 결과가 나에게 돌아오죠. 요즘에 저는 책쓰기와 건강기능식품 만들기에 빠졌어요. 치과의사라는 본업과 크게 관련은 없지만 제 뇌를 행복하게 만들기 위해 하는 일

한동안 승마에 빠져 주말마다 지금의 아내와 말을 타러다녔다.

이기 때문에 지금이 더 행복한 것 같습니다.

제 나이가 올해 서른 여섯인데 앞으로 남은 삶이 얼마나 될지 누구도 모르는 거잖아요. 짧은 인생을 살면서 잘 살았다, 혹은 못 살았다는 판단보다는 자기가 하고 싶은 걸 하면서 사는 삶이 정답인 것 같아요. 어차피 죽으면 돈도, 시간도, 재능도 아무런 소용이 없으니까요.

두번째, 세리머니

모든 일의 목적이
돈일 필요는 없다

"돈도 안 되는데 그 일을 뭐하러 해요?"

요즘은 돈이 되는지 안 되는지를 중심으로 무언가를 하는 사람들도 많습니다. 어떤 일의 가치를 측정하는 수단으로 돈이 중요한 건 맞죠. 그런데 단지 그 잣대 하나만으로 어떤 일을 할지 여부를 선택한다면, 그 일의 이면에 숨은 기회를 놓칠 가능성이 많아요.

사람들은 저한테 가끔 왜 치과의사가 되었느냐고 묻습니

다. 그 질문의 이면에는 저 역시 성공을 향한 목표 때문에, 즉 돈을 많이 벌고 싶어서 치과의사가 된 게 아니냐는 호기심이 있는 거죠.

제가 치과의사가 되려고 한 이유는 성공하기 위해서, 맞습니다. 하지만 단지 돈만 더 벌고 싶다는 생각으로 이 일을 시작한 건 아니었어요. 그보다는 '새로운 일에 도전해보고 싶다'는 의지가 더욱 강했죠. 단지 인생의 유일한 목표이고, 치과의사가 되지 않을 바에는 죽겠다는 거창한 생각은 없었어요.

현재 내 목표가 치과의사가 되는 것이고, 이 과정이 즐겁기 때문에 나는 계속 노력한다, 에 가까웠던 것 같아요. 일단 어떤 일에 열정이 생기면 그 일을 할 원동력으로 충분하다고 저는 생각하는 편입니다.

'나는 100억 부자가 될 거야!'

이렇게 선언하면 100억 부자가 될 가능성이 높아지겠죠? 그런 목표를 가진 분들을 저는 응원합니다. 그런데 저는 마치 인스타그램에서만 보여지는 인생처럼, 100억이라는 목표를 우리 모두가 추구하면서 살 필요는 없지 않을까 생각해요.

당장 저만 하더라도, 사람들이 모두 사회적으로 성공한 치과의사라는 타이틀을 갖고 있지만, 누군가 저더러 100억 부자가 되는 걸 목표로 삼자고 하면 거절할 것 같습니다.

내가 그만한 능력이 되지 않을 수 있겠다는 생각도 있고, 그 외에도 인생에는 가치 있게 도전할 만한 일들이 많으니까요.

어떤 일을 시작할 특별한 목적

저는 어떤 일에 도전할 때 돈이 아니라 조금 특별한 목적에서 시작합니다. 그것은 바로 '그 일을 완수해내는 어떤 성공 방정식이 있지 않을까' 하는 생각이죠. 세상 모든 일에는 답이 존재하고, 그 답을 찾아내기 위해 문제 풀 듯이 한 번씩 시도해볼 수 있다는 생각이 드는 거죠.

답이 꼭 어려우라는 법은 없다

어쩌면 그 답이라는 것이 우리가 예상했던 것보다 그리 어렵지 않을 수도 있지 않을까요? 그 답은 예상보다 쉬운데, 찾으려는 노력을 하는 사람이 별로 없다면 말이에요. 그렇다면 우리들 각자가 내가 할 수 있는 선에서, 답을 찾으려는 시도를 한다면 저마다의 답을 얻을 수도 있지 않을까요. 다소 오만하게 들릴 수도 있겠지만 저는 그렇게 생각하는 편입니다.

두번째, 세리머니

이제는
안 궁금합니다만

세상을 살면서 경험이 쌓이고 나이가 들면 자연스럽게 호기심이 사라진다고 합니다. 나이를 먹어 가며 세상에 대해 알고 싶은 것보다 알고 싶지 않은 진실들을 마주하며 그렇게 된다고 생각합니다. 저도 병원을 운영하면서 꽤 많은 일들을 겪다보니, 사람관계나 어떤 상황에 대해 호기심보다는 '저 상황에 엮이고 싶지 않다'는 생각이 먼저 들 때가 있어요. 일종의 방어본능인 거죠.

그런데 문득 생각해보면, 바로 이 지점부터 내가 경험의 폭이 좁아진다는 걸 알 수 있어요. 세상이 어떻게 돌아간다, 는 걸 아는 소위 말하는 '철드는' 것도 중요하지만, 그 반대편에 '아직 내가 모르는 세상이 존재한다'는 생각도 분명히 있어야 하거든요.

이 생각이 있어야만 새로움을 탐구하는 즐거움이 생겨요. 사물을 보거나 사람을 만날 때 이런 즐거움이 없다면, 삶의 낙이 없어지는 거라고 생각해요.

조금 더 즐겨도 된다

아직은 인생에 더 즐길 것이 남아 있다, 고 생각하면 왠지 열심히 살게 되지 않나요? 저는 그렇습니다. 병원도 경영하고 결혼도 하고, 이제는 전형적인 유부남의 루틴으로 살겠구나, 싶어질 때 항상 새로운 분야를 만나게 되었어요. 최근에는 글을 쓰는 즐거움과 새로운 사업을 구상하는 일이 저에게는 즐거움을 주기도 했죠.

'아, 세상에는 내가 모르는 일이 분명히 존재하는구나.' 이런 마음을 느끼면서 아직은 살 만한다는 생각이 들기도 합니다. 물론, 우리들 각자는 태어난 김에 사는 거지만 그래도 기왕이면 즐겁게 살면 좋지 않을까요.

그러려면, 아직 세상에는 내가 모르는 세상이 존재하고 있고 나는 아직 그 새로움을 만나지 못했다는 인식을 갖는 것이 정말 중요해요. 거창하게, '나는 왜 살아야 하고 이 삶의 궁극적인 의미는 무엇인가'라고 묻지 않아도, 내가 모르는 새로운 즐거움을 하루하루 발견하고 살아가는 것이야말로 값진 인생이 아닐까, 싶네요.

두번째. 세리머니

임플란트를 할 때의
마음가짐

병원에는 참 많은 분들이 내방합니다. 어르신도 계시고 젊은 환자도 있어요. 그중에서 임플란트를 하는 환자의 비중이 꽤 많죠. 임플란트라고 하는 것이 비유하자면 팔이 잘린 사람이 의수를 찾는 것과 같아요.

의수가 손의 역할을 대신하듯, 인공치아가 자연치아를 대신해주는 것이죠. 무엇이든 대신해주는 존재는 그 기능의 한계가 있습니다. 인공치아는 자연치아를 완전히 대체한다고 생각하면 안 되지만, 환자들은 이 사실을 알 리가 없죠. 그래서 몇몇분들은 임플란트를 한 뒤에도 병원에 와서 하소연을 합니다.

어떤 분은 멀쩡하게 수술이 잘 끝났는데도, 수술한 이와 전혀 상관없는 다른 이를 치료해달라고 우기는 경우도 있어요. 왠만하면 좋은 마음으로 다 해주려고 하는데, 직원들은 저를 보고 걱정하기도 하죠. 그런 환자들 다 받아주면 어떡하냐고 말이에요.

입장차이의 문제

그런데 일단 의사의 입장이 아니라 내 치아라고 생각하면, 우선 이가 불편하면 치과의사에게 가는 건 당연한 얘기 같아요. 어떤 수술이나 치료가 잘 되었더라도, 내가 불편하다면 그건 잘못된 치료일 수 있는 거죠. 그래서 저는 왠만하면 환자의 편에서 생각하고 대처하려고 노력합니다.

특히 바쁜 일과 중에 짬을 내서 온 환자들의 경우는 더욱 통증으로 인한 답답한 마음을 알아주는 사람이 없어서 의사한테 하소연을 하기도 하거든요. 그래서 지금은 임플란트를 받으러 오는 사람의 마음을 잘 헤아려서 진료하려고 노력해요.

개원을 한 제 동료 치과의사들은 소위 '진상' 환자는 받지 않는다고 하고, 저 역시 어느 정도 그런 환자들을 단호하게 합니다만 그래도 환자는 대부분 우리 주변에 있는 평범한 이웃들입니다. 매일 마주치는 이웃을 병원에서 마주친 것일 뿐이죠. 의사와 환자라는 관계에서 말이에요.

저 또한 이를 할 때는 동료 치과의사에게 가거든요. 고사성어에 '역지사지'라는 말이 있듯, 내가 환자일 때의 마음을 잊지 않고, 진료를 하면 환자들의 클레임도 분명히 줄어듭니다. 세상에는 절대 안 되는 일도 있지만, 대화와 소통으로 풀어갈 수 있는 일도 있어요.

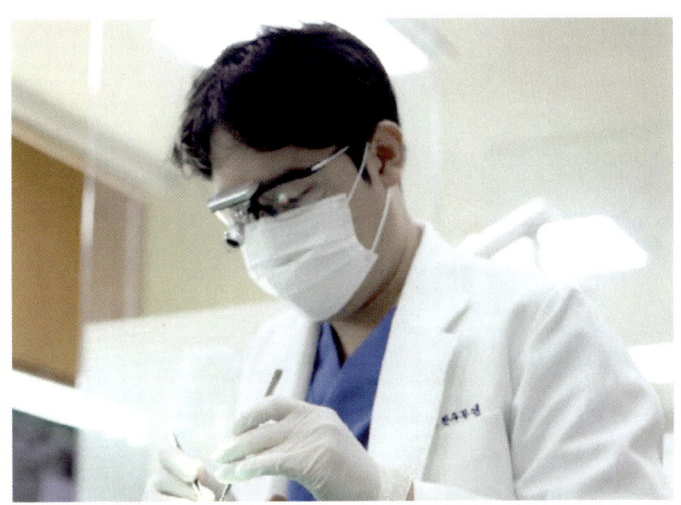

누군가는 순진한 꿈이라고 할지 모르지만 나는 항상 환자와 소통하기 위해 노력한다.

저는 환자들과의 관계에서 되도록, 대화와 소통으로 문제를 풀어가는 쪽을 택했습니다.

"환자와 소통하겠다니, 그건 너무 순진한 생각이잖아!"
주변 친구들은 그렇게 말하기도 하지만 저는 의사 진료의 가장 기본적인 부분이 바로 '소통'이라고 생각해요. 소통되지 않는 의사에게 어떤 환자가 자기 몸의 가장 중요한 부분인 치아를 맡기고 싶을까요.

저희 병원에 오실 일이 있거든 너무 의사를 어려워하지 마시고 편안하게 말을 걸어주세요.

두번째, 세리머니

유머와
마음의 여유

1940년 독일군의 영국 대공습 당시, 지독한 독일군의 폭격 속에서도 영국인들은 방공호에 숨어 살아남았습니다. 혹자는 이 때 영국인들이 살아남을 수 있었던 이유를 "유머"에서 찾더군요. 그들은 그 폭탄이 빗발치는 전쟁 상황에서도 유머를 구사할 정도로 여유가 있었다고요.

치과의 하루를 전쟁터에 비유할 수는 없겠지만, 최소한 그 정도로 바쁘게 돌아가는 건 비슷하기에 적어도 저에겐,

이 말의 울림이 꽤 큽니다. 저 역시 진료를 하는 틈틈이 환자들에게 미소와 여유, 무엇보다 유머를 잃지 말자는 다짐을 많이 하거든요.

조급함의 함정

마음의 여유를 갖는 것이 왜 중요할까요? 단순히 듣기 좋은 말이라고 생각할 수 있지만 사실 여기에는 중요한 원리가 숨어 있다고 생각해요. 만약 마음의 여유가 사라진 채 조급함을 갖고 일을 하면 그만큼 실패할 확률이 높습니다.

지하철을 타고 갈 때는 생각해보죠. 내가 가야 할 시간이 늦었는데 지하철이 늦게 와요. 그럼 마음이 조급해지면서 재빨리 달려나가죠. 그러면 평소에는 단지 사람들이 붐빌 뿐인 환승 구간에서도 내 옆사람이 적으로 보입니다. '이 사람은 오늘따라 왜 이렇게 굼뜬 거야?' 하고 생각하게 되죠. 똑같은 시간에, 똑같은 장소에 있어도 마음이 조급하느냐 아니냐에 따라 큰 차이가 생긴다는 거예요.

10초의 중요성

어떤 일이 생길 때 우리나라 사람들은 '즉답'을 자주 한다고 합니다. 누가 무언가를 물으면 그 자리에서 답해야 하고, 뭘 달라고 하면 즉시 챙겨주는 걸 좋아하죠. 아마도 '빨리빨리'를 좋아하는 우리나라 국민의 특성 때문일 거예요.

하지만, 어떤 질문이나 요청을 받았을 때 멈추어 서서 딱 10초만 생각해보면 전혀 다른 답이 나오게 됩니다.

얼마 전 재미있게 본 웹드라마 〈정신병동에도 아침이 와요〉를 만든 이재규 감독의 인터뷰 기사를 읽었어요. 감독의 친구가 건축가인데 어느 날 저녁에 음식점에 갔는데 마감 30분 전이라 주문을 받지 않았다고 해요. 이재규 감독은 화가 잔뜩 났는데 그 친구는 가만히 있다가 "그럼 다음에 오겠습니다"하고 자리를 나왔다는 거죠.

나와서 "너 왜 그랬냐?"하고 물으니 친구의 답이 그렇더

랍니다. 자기고 순간적으로는 화가 났지만 10초를 생각하고 보니 그냥 알겠다고 하고 다음에 오면 될 일이라고 생각한 거예요.

만약 그 순간에 참지 않고 즉답하듯, 바로 반응을 하면 어떻게 될까요? 음식점에서 싸움이 날 거예요. 만약 제가 다음 환자들이 많이 대기하고 있어서 현재 환자를 조급하게 진료하면 어떻게 될까요? 진료에 문제가 생길 거예요.

저는 세상 모든 일이 이렇게 돌아간다고 생각해요. 그러니까 진료를 하는 의사도, 기다리는 환자도 모두가 10초를 생각해보고 반응을 하면 훨씬 더 생산적인 관계를 만들 수 있지 않을까, 하고 생각해보는 거죠.

마음의 여유는 돈이 많고 적고의 문제는 아닌 것 같아요. 내가 어떤 마음으로 그 일을 하는지, 그리고 아무리 바쁘더라도 다른 사람에게 한 번의 친절을 베풀 마음의 준비가 되어 있는지가 그 사람의 행복을 좌우하지 않을까요?

두번째, 세리머니

그를
미워한다고 한들

　누군가가 나한테 피해를 주거나, 나를 힘들게 하면 자연스럽게 그 사람이 미워집니다. 감정을 가진 사람이니까 당연하죠. 그런데 미운 감정이 생기더라도 그 감정을 오래 품고 있으면서 미움을 적개심으로 바꾸면 누구만 손해일까요?

　개원 초기, 저는 참 많은 환자들을 상대하면서 머릿속으로 그들과 싸웠던 것 같아요.

'아니, 멀쩡하게 치료를 잘 해주었는데 왜 다시 해달라고 하지?'

'왜 내가 치료해준 게 아닌 것까지도 나에게 치료해달라고 하지?'

겉으로는 웃고 있었지만 속으로는 환자들에게 이렇게 힐난하면서 적개심을 키웠어요. 지금은 그런 마음이 전혀 없지만 당시에는, 개원을 하고 나서 그렇게 다양한 유형의 사람을 처음 맞닥뜨리는 것이라 항상 분노가 있었어요.

그런데 누군가를 미워한다는 게 내가 미워하는 상대는 그 사실을 모르고 나 혼자 속 끓이면서 힘들어하는 거죠. 결국은 내가 가장 힘든 상황으로 바뀌게 되어 있어요. 한 마디로 누군가를 미워하는 일은 나에게 득이 될 게 전혀 없는 거죠.

보이지 않았던 갈등과 노력

그걸 알면서도 스스로를 깎지 않으려면, 오랜 노력과 훈련이 필요했습니다. 수많은 환자들을 경험하고, 수많은 진료를 하면서 어느 순간부터는, 저 역시 그런 마음이 사라지더군요. 그 상황이 화가 날 수는 있어도 사람을 미워하지는 않기로 했어요. 그러니까, 마음이 정말 편안해지는 걸 느끼기도 했고요.

어찌보면 관성이 생긴 건지도 모릅니다. 아무튼, 그 뒤로는 다른 사람이 미워서 내 스스로 통제력을 잃는 일이 거짓말처럼 사라졌어요.

제가 노력했던 또 한 가지를 말씀드리면, 저는 여기서 한 걸음 더 나아가서 환자들에게 최대한 무언가를 주려고 노력했어요. '미운 사람 떡 하나 더 준다'는 말처럼, 저를 힘들게 한 환자일수록 더 잘해주고, 친절하게 하려고 했죠.

그랬더니 이번에도 신기하게 병원에 와서 고함을 치고, 다른 환자를 불편하게 했던 환자들이 썰물처럼 빠져나갔습니다. 저희 병원에는 그 이후로 다시는 그런 환자들이 찾아오지 않았어요. 희안한 일이죠. 단지 내가 마음을 고쳐먹었을 뿐인데, 그런 사람들이 나타나지 않았다고 하는 것이.

그때부터 제가 매일 실천하려고 노력하는 것이 있습니다. 바로 남과 조금이라도 무언가를 나누려고 노력하는 것이죠. 그것이 아무리 작은 것들이라도, 상대와 나누려는 노력을 하다보면 내가 더 행복해질 수 있다는 걸 알게 되었어요.

어쨌든 살아가는 동안 내가 가진 걸 어떻게든 끌어안고 남한테 빼앗기지 않으려는 것보다는 주변 사람들을 챙기면서 그들이 행복해하는 모습을 보는 것이 더 가치있는 삶이 아닐까, 그런 생각을 하게 된 것 같습니다.

두번째, 세리머니

다 돌아옵니다.
감정도, 관계도

저는 치과를 운영하면서 함께 일하는 분들을 존중하려고 무척 노력하는 편입니다. 천성이 남에게 함부로 못하는 성격이기도 하고, 그 분들에게 내가 한 행동이 결국 그 분들로부터 내가 받게 될 거라는 생각을 항상 갖고 있어서기도 하죠.

가끔 친구가 운영하는 치과에 가면 깜짝 놀랄 때가 있어요.

'저렇게 하대하면 큰 일 날 텐데...'

아무리 직원이라고 해도, 그 사람의 일을 존중하지 않거나 그의 인격을 무시하면서까지 행동해야 할 권리가 의사에게는 없습니다. 그럼 상대방은 내가 무시한 것을 그대로 받아들이는 것처럼 보이지만 속으로는 내게 적개심을 품게 될 거예요. 내가 적개심을 품은 직원이 운영하는 병원이 잘 될 리가 없습니다.

환자에게는 불친절할 것이고, 자기가 처리하기 귀찮은 일에 대해서는 무심하게 응대할 거예요. 병원은 날로 날로 매출이 떨어질 것이고 의사는 "왜 병원 매출이 떨어지지? 혹시 광고를 안 해서 그런가"하고 잘못 짚는 일도 생길 수 있습니다.

이 모든 일의 원인은 바로 '사람 관계'인데도 불구하고 말이에요.

직원들을 춤추게 만드는 법

사람과 사람의 관계는 말과 감정을 주고 받습니다. 내가 상대에게 한 말과 행동은 또한 나에게 고스란히 돌아오는 것이기도 합니다. 상대가 나를 돕도록 하는 게 아닌, 내 적이 되도록 만드는 인간관계야말로 얼마나 어리석은가요.

가끔 저에게 막 개원한 후배들이 "어떻게 하면 병원 매출을 높일 수 있느냐"고 고민 상담을 해올 때마다 제가 해주는 말이 있습니다.

"지금 함께 일하는 사람한테 어떻게 하고 있는지 잘 생각해봐. 답은 늘 거기에 있거든. 그 사람들이 존중받으면서 만족하고 일하고 있으면 병원이 잘 될 것이고, 아니라면 병원 운영이 힘든 건 당연하지. 직원들이 일을 잘해주지 않으면 원장이 아무리 진료를 잘해도 소용이 없어."

살다보면 생각의 전환이 필요할 때가 많습니다.

'내가 월급을 주면서 이 사람을 가르쳐서 일을 시켜야 돼? 조금 알아서 하면 안 돼?'

이렇게 생각하는 의사도 있는 반면,

'이 사람들 덕분에 내가 돈을 벌고 있으니, 최대한 잘해줘야겠다.'

이렇게 생각하는 의사도 있습니다.

둘 다 어떻게 보면 같은 말일 수 있는데 그렇다면 둘 중 정답이 무엇인지는 이미 명확하겠죠. 상대방을 존중하면 나 역시도 존중을 받는다는 것, 치과의사가 가장 먼저 존중해야 할 대상은 바로 직원들이라는 것을 기억해야 합니다.

어차피 돈은 치과의사가 제일 많이 가져갑니다. 고생은 다 같이 하는데 치과의사가 오너라는 이유로 많이 가져가는 게, 나쁜 건 아니지만 직원들 입장에서는 질투가 날 수 있어요. 그렇기에 저는 항상 미안한 마음으로 직원들을 대합니다.

'일선에서 가장 많이 고생해주시는데 제가 월급을 더 많이 주지 못해서 미안합니다.'

이 마음을 갖고 직원들을 대해요. 제 이런 마음을 아는지 모르는지, 오늘도 정신없이 일하는 선생님들을 보면 언젠가는 이 마음을 말로 표현하고, 또 보너스로 표현해주어야 하겠다는 생각이 듭니다.

두번째, 세리머니

인생은
원래 아슬아슬한 것

1년에 한 두 번씩 꾸는 꿈 중에서, 현재 나이는 그대로인 채 학생 때로 돌아가서 의사면허가 없는 상태로 돌아가는 꿈을 꿉니다. 그야말로 모든 것이 원점인 상태가 되는, 제게는 악몽과 같은 꿈이죠. 어렵게 치과의사가 되었는데, 제가 이룬 것들이 한 순간에 물거품이 된다고 생각하면 두려움이 몰려오죠.

생각해보면 그동안 살아왔던 삶의 궤적이 아슬아슬함의

연속이었던 것 같아요. 100미터 달리기를 할 때 탈락하기 직전 겨우 결승선을 들어오듯이. 모두가 멋지다고 생각하듯, 압도적인 퍼포먼스로 다른 사람들 앞에 '내가 이렇게 멋지게 해냈다'고 선언한 순간은 단 한 번도 없었습니다. 늘 고전했고 힘들게 이루었고, 겨우겨우 앞으로 나아갔었던 것 같아요.

그래서 제 평소 삶의 모토 역시 '운칠기삼[1]'입니다. 제가 무언가를 이루었다면 그것은 대부분 운의 문제이지 저의 재능으로 모든 걸 이루었다는 생각이 들지는 않아요. 운도 실력이라고 하면 그렇게 볼 수 있겠지만요.

평행우주론을 믿지 않아요

요즘은 평행우주이론이 인기잖아요. 우주 어딘가에 지금

---

[1] 세상의 모든 일에 있어서 운이 7할, 재주(노력)이 3할이라는 뜻

사랑하는 아내와 함께 찍은 사진. 인생에서 배우자만큼 중요한 게 또 있을까. 그런 의미에서 나는 행운아라고 생각한다.

과는 다른 내가 살고 있을 수도 있다는 생각을 저 역시 안 해본 건 아니죠. 하지만 지금 제 모습 외에 다른 내가 될 수 있었을까, 생각해보면 결론은 "아니다"가 나옵니다. 지금의 제 모습이 되기 위해 저는 제 나름의 최선을 다했고, 제가 최선을 다해서 살아온 궤적이 쌓여서 지금의 나가 된 것이니까요.

비록 내가 모든 것을 다시 시작한다고 해도, 이 노력을 그대로 똑같이 쌓게 된다면, 어쩌면 현재의 내 모습과 또 다시 비슷해지지 않을까? 저는 그렇게 생각합니다. 요컨대, 나한테 가장 잘 맞는 방식으로 살아온 결과가 현재의 직업과 현재의 성격과 현재의 나를 만들었다고 생각하는 것이죠.

그래서 결혼을 할 때도 여자친구를 2년이나 기다리게 하기도 했습니다. 지금의 아내가 여자친구일 때는 저랑 빨리 결혼하고 싶어했는데 저는 '어차피 결혼하게 될 운명이고, 그 상대가 나라면 조급할 필요가 없다'라고 생각했어요. 그리고 다행스럽게도 그런 제 예상은 적중했고요. 결혼을 할 사람은 어차피 하게 되고, 또 만나야 할 사람은 언젠가는 만나게 되어 있다, 저는 운의 작용은 이런 것이라고 생각합니다.

세번째, 세리머니

어차피 100년 안에 죽는 인생인데

인간은 언제나 자신의 꿈을 향해 나아가야 한다.
꿈은 우리의 동력이다.

- 소설가 어니스트 헤밍웨이, 『노인과 바다』 중에서 -

세번째, 세리머니

진화하는
치과의사

제 주변의 개원의를 보면 일련의 진화 과정이 있는 것 같아요. 처음에 개원을 하면 일단 무척 흥분합니다. 의사가 되고 자신의 이름을 건 병원을 시작했으니 말하자면 '창업'을 한 것이죠. 마음이 두근거리고, 아드레날린 과다 분비 상태가 되어요. 앞으로 '스펙터클한(?)' 모험이 기다리고 있다는 것도 모른 채 말이에요.

그러다가 이제 환자들을 하나둘씩 상대하면서 스트레스

를 조금씩 받기 시작합니다. 자신이 생각했던 환자들만 있는 게 아니거든요. 어떤 환자는 터무니없는 요구를 하기도 하고, 어떤 환자는 괜히 의사한테 짜증을 내기도 합니다.

'뭐야, 의사가 사람을 치료하는 직업이 아니라 감정노동자네.'

이런 생각이 충분히 들 법하죠. 그러면서 슬슬 자괴감이 생기고 분노가 차오릅니다.

'내가 이렇게 힘들게 일하려고 의사가 된 건 아닌데...'

환자들로부터 받은 스트레스를 풀기 위해 소비에 집착하죠. 명품옷과 외제차, 시계를 사거나 주변 이들에게 밥을 사면서 스스로의 존재감을 위안받으려고 합니다. 저 역시도 분노를 소비로 다스렸던 시기가 있어요. 이때는 누가 말을 해도 들리지 않고, 오직 '나는 고생했으니까 이 정도 소비해도 돼!'라는 생각이 드는 시기예요.

분노의 시기를 부러워하는 사람들

아마도 치과의사를 부러워하는 분들은 이 시기를 부러워하는 것 같아요. 치과의사가 돈을 잘 버니까 돈을 쓴다고 생각하지만 실은 '분노의 시기'인데 말이죠. 하지만 이때의 과다 소비를 나중에 후회하는 의사들도 많습니다.

개원의도 일종의 '자영업'인데 매출이 잘 나올 때가 있고 그렇지 않을 때가 있거든요. 매출이 잘 나올 때는 그 매출이 영원할 것 같지만, 정작 매출이 안 나올 때를 대비해 비축해 두어야 하는 시기도 있는데, 당시에는 이를 인지하기 쉽지 않죠.

그러면서 점차 여느 직업군과 똑같이 앞만 보고 달리는 '경주마'처럼 살게 됩니다. 스트레스조차 어느 정도 내려놓게 되죠. 이쯤되면 환자들의 클레임도 아무렇지 않고, 진료

행위 자체에 대해서도 처음에 가졌던 열정이 사라지게 돼요. 우리 주변의 개원의들은 대부분 이런 단계를 거쳐서 조금씩 '진화(?)'하게 되는 것입니다.

하지만 저는 여기서 갇히면 안 된다고 생각했어요. 평생 동안 내가 해야 할 일인데, 한 두 해 하고 끝낼 게 아닌데 이렇게 기계처럼 일해도 되는 건지, 환자를 기계 다루듯 해도 되는 건지 스스로 묻고 또 물었습니다. 그러더니 어느 순간 답이 오더군요. 환자가 있기에 내가 있는 것이고, 우리 병원이 있는 거라는 깨달음, 까지는 아니지만 제 나름의 답이 생긴 것이죠.

환자와 내가 교류하는 것이 진료의 첫 시작이다.

그런 생각을 하니까 신기하게도 환자를 대하는 관점도 바뀌었어요. 그 전에는 환자가 오면 '이 사람은 어떤 진료를 하고 어떻게 대해줘야 하지?'

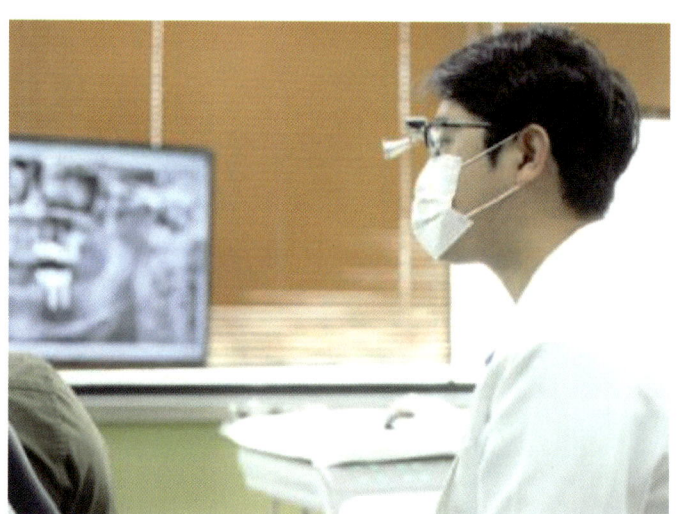

환자들의 아픔에 공감하는 의사가 되는 것이 내 꿈이다.

이런 고민을 했다면, 마음이 바뀌고 나니까 이런 생각이 들더군요.

'이 사람은 현재 어디가 아프고, 내가 어떻게 하면 이 사람의 아픔을 해결해줄 수 있을까'

물론 어떤 사람이 보기에는 이 차이가 그리 크지 않을 수 있을 겁니다. 하지만 저에게는 정말 큰 차이이고 변화였어요. 환자가 나를 찾아오고, 돈을 지불하는 고객으로만 보는 것이 아니라, 이 사람과 내가 지금 함께 삶을 살아가는 중이다, 라고 생각이 변하니까 신기하게도 환자가 더 좋아지더군요. 전에는 환자가 수술이 잘 되었는데도 아프다고 하면, 내심 '엄살이 심하다'고 생각했는데 이후부터는 '어떻게 하면 그 아픔을 줄여줄 수 있을까'를 고민하게 되었어요.

적어도 저에게 이러한 생각의 전환은, 제가 치과의사라는 일을 하는 데 굉장히 큰 영향을 미쳤습니다. 이 일을 평생할 수 있는 이유가 된 거죠. 환자를 몇 명 유치해서 어떤 병원을 만들 거야, 프랜차이즈 병원을 세울 거야, 라는 것은 목표이지 꿈은 아니라고 생각해요.

세번째, 세리머니

꿈은 명사가 아닌 동사이다

저는 사람에게는 '꿈'이 있어야 한다고 생각합니다. 많은 분들이 '꿈이 무엇인가요'라는 질문을 어릴 때는 한 번씩 듣기도 하고, 스스로에게 묻기도 했을 거예요. 그런데 어른이 된 어느 순간부터는, 꿈에 대해 생각해볼 겨를도 없이 앞만 보고 달리게 되죠.

"저는 연봉 10억을 버는 사람이 될 겁니다."
"저는 대한민국에서 제일 잘 나가는 의사가 될 거예요."

"제 이름으로 된 병원을 10개 차리는 게 꿈입니다."

앞서도 얘기했지만 이건 목표이지 꿈은 아니라고 생각합니다. 꿈은 '동사'이지 '명사'가 아니라고 생각해요. 꿈을 꾸는 과정에서 어떤 직업이나 돈을 목표로 삼을 수 있지만 직업 자체가 꿈이 될 수 있는 건 아니니까요.

'그러면 너의 꿈은 뭔데?'

당연히 이렇게 묻는 분들이 계시겠네요. 저는 '치과의사로 즐겁게 살아가는 것'이 꿈입니다. 이 꿈은 상태이지 목표가 아니에요. 어쩌면 이룰 수 없는 목표일 수도 있겠네요. 환자들을 볼 때도 즐겁게, 직원들과 일할 때도 즐겁게, 병원 업무를 끝내고 취미활동을 할 때도 즐겁게 사는 것이 저의 목표입니다.

매일 매일이 즐겁다면, 그보다 더 가치있는 꿈이 없을 거라고 생각해요. 그리고 그렇게 즐겁게 살아가는 당연히 '좋은 사람'이 되어야겠죠. 이건 노력이 필요한 부분입니다.

매일매일의 노력

오늘 짜증을 내는 일이 열 번 있었다면, 짜증낼 일을 한 번 줄이는 것이 노력이죠.

진료를 할 때 즐거움을 느끼지 못하는 부분이 있었다면, 내일은 똑같은 진료를 하면서도 기쁨을 느껴보려고 노력하는 것도 노력일 거예요.

퇴근을 하고 집에 가서 아내에게 짜증을 내지 않으려고 하는 것도 노력이죠.

이렇게 매일매일의 노력이 모여서 즐거움이 되고, 삶이 된다고 생각하면 일상을 허투루 살 수 없습니다. 순간에 최선을 다하게 되고, 고객이든 직원이든 나와 인연을 맺은 사람들을 소중히하는 버릇이 생기죠.

　치과의사의 일상은, 공무원의 일상, 채소가게 사장님의 일상과 다르지 않아요. 어쩌면 우리 모두의 일상은 다르지 않을 것입니다. 한 번은 제 후배가 저에게 슬럼프를 얘기한 적이 있어요. 자기가 매일 똑같은 삶을 살아가면서, 똑같은 환자를 보는 게 너무 재미없다는 거예요.

　그런데 저는 모두의 일상이 '기계적으로 살아가는 것'이기에 윤활유가 필요하다고 봐요. 기계가 잘 돌아가려면 윤활유가 필요하듯, 반복되는 일상을 즐겁게 살아가기 위해서 노력이 필요한 게 아닐까요? 매일 똑같아 보이는 일을 조금 다르게, 조금 더 낫게 하는 일도 노력일 것이고, 내가 하는 일에 조금 더 애정을 갖기 위해, 퇴근 이후에 새로운 분야를 경험해보는 것도 노력일 것입니다.

　어떤 고민이 이런 노력을 기울이지 않고 그저 단조롭고

지루한 일상을 불평하는 식이라면 저는 조금 더 '공부'를 해야 한다고 생각해요. 최근에 제가 읽은 책의 한 구절에는 '공부하지 않는 자는 불평할 자격이 없다'는 말이 나오는데, 저는 이 말에 십분 공감하는 편입니다. 공부하는 사람은 절대 불평하지 않아요.

분야가 어떤 것이 되었든, 오늘부터 공부를 시작해보는 건 어떨까요. 환율 공부를 하거나 배드민턴을 배우는 것도 괜찮죠. 내 일과 내 삶을 다른 각도로 볼 수 있는 연습을 해나가는 것이 공부입니다. 그리고 이렇게 공부를 하는 사람만이, '명사형' 꿈이 아닌 '동사형' 꿈을 꿀 수 있을 테니까요.

| 세번째, 세리머니

천만 개의
삶이 있는 거지요

우리나라에는 약 5천만 명의 사람들이 살아갑니다. 당연히 5천만 의 삶은 저마다 다르겠지요. 직업도 성격도, 꿈도 다른 우리일 텐데 누군가를 만나면 축약된 형태로 나를 소개해야 해요.

"안녕하세요. 저는 서른 여섯 살이고 인천에서 치과를 운영하고 있으며, 집에서는 반려견을 두 마리 키우고 있어요."

만약 제가 이렇게 소개하면 저라는 사람에 대해 알 수 있는 약간의 실마리가 될 겁니다. 하지만, 제가 결혼식에서 아내를 위해 직접 색소폰을 불었고, 남들이 가보지 않은 여행지를 탐험하는 걸 좋아하며, 퇴근 이후에는 건강기능식품을 만드는 일에 몰두하는 사람이라는 사실이 보이지 않을 거예요. 우리는 이렇게 '스테레오 타입'으로 사람을 분류하는 데 익숙해져 있습니다.

그런데 의사도 다 똑같지가 않아요. 똑같은 진료과목인데도 처방하는 약도 다르고 진료하는 방식도 다 달라요. 이렇듯, 사람은 겉보기에는 비슷해보여도 저마다 다른 생각을 갖고 살아갑니다. 그게 눈에 잘 보이지 않기 때문에 우리는 '스테레오 타입'으로 상대를 평가하고 판단하는 거죠.

요즘은 MBTI가 유행이던데 저는 사람을 MBTI에 기반해서 판단하는 것도 조심해야 한다고 생각해요. 어떤 사람이 외향적이다, 내향적이다, 라는 정도의 구분은 할 수 있겠지만, 마냥 내향적인 사람도 없고 그 반대도 없죠. 어떤 사람은 평소에는 조용하다가 유튜브 촬영을 하기 위해 카메라 앞에 서면 돌변하는 사람도 있고, 평소에는 누구보다 활달한 외향적인 사람은 주말이 되면 집안에서 한 발짝도 나오지 않는 경우도 있습니다.

강요할 수 없는 삶

사람은 공간과 시간, 그리고 어떤 사람과 함께 있으며 어떤 상황에 처했느냐에 따라서 저마다 다른 성향을 드러낸다고 생각해요. 요즘 유튜브를 보다보면 동기부여 영상이 참 많이 나오는데, 영상들은 한결같이 '이렇게 하면 OOO가 될 수 있다' 'OOO를 반드시 해야 하는 이유'라는 제목으로 사람들에게 무언가를 강요하는 식입니다.

그런데 삶을 어떻게 강요할 수 있을까요. 아니, 그게 가능하기는 한 걸까요? 사람은 어떤 면에서는 본래 타고난 기질을 절대 바꿀 수가 없기도 하고, 어느 순간에 돌변해서 이전과 다른 삶을 살 수도 있는 것인데, 자신이 경험한 것이 자기에게 도움이 되었다고 다른 사람에게도 그 잣대를 그대로 들이대는 것은 옳지 않을뿐더러 위험할 수 있다고 생각해요. 타인의 삶은 그저 타인의 삶일 뿐입니다. 그 자체로 존중받아야 해요.

한 마디로 인생은 정답이 없습니다. 우리가 보기에 길거리에서 노숙을 하는 사람에게 '왜 저렇게 무기력하게 삶을 살까'하고 속으로 한탄할 수 있지만, 노숙인의 삶은 노숙인 외에는 이해할 수 없는 것이죠. 저는 직업이 치과의사니까 당연히 제 직업이 가장 좋습니다. 열심히 하면 돈도 잘 벌고 사람들에게 존경을 받는 직업이죠.

그런데 이건 제 생각이고, 모든 사람들이 저처럼 치과의사가 되기를 원하는 건 아니잖아요. 제가 대학시절에 대학원 진학을 목표로 함께 다닌 친구가 있는데, 그 친구는 저보다 공부를 잘했는데도 졸업하고 나서는 다른 길을 가더군요. 그

때는 어렸을 때라 저는 속으로 '왜 힘들게 공부해놓고 의사가 되려고하지 않는 거지?' 하고 이해가 안 갔어요.

지금은 이해가 갑니다. 공부를 아무리 잘해도, 해부실험을 할 때 한때는 '그분' 이었지만 이제는 '그것'이 된 사람을 보며, 혹은 피를 보았을때 경기를 일으킬 정도로 두려움을 느낀다면 의사가 될 수 없는 거예요. 수년을 공부한 사람이, 자기가 사람의 피를 보고 두려움을 느낄 거라고 상상이나 했을까요? 그런데 누가 왜, 그 상황에서 피를 두려워하는 건지 우리는 알 수 없습니다. 인생은 미리 짐작할 수 있는 게 아니잖아요.

우리는 지금도 우리 주변을 둘러싸고 일어나는 일을 온전히 이해하지 못합니다. 인생을 이해하지 못하는 인간이 직업을 포기하거나 바꾸는 일은 매우 사소한 일이죠. 그러니 때로 누군가 내 마음에 들지 않거나 내가 보기에 이상해보이더라도 그 사람을 있는 그대로 존중해야 합니다.

세번째, 세리머니

저는 다른 일로 돈을 못 버는 사람입니다

만약 누군가 치과의사를 왜 했느냐고 묻는다면 저는 '돈을 잘 벌 자신이 없어서요'라고 대답하고 싶습니다. 저는 의사가 아닌 다른 일로 돈을 벌 자신이 없었어요. 제가 모든 일에 만능인 것도 아니고, 남들보다 뛰어난 재능을 갖고 태어나지도 않았거든요. 잘하는 거라고는 오직 공부를 남들보다 열심히, 꾸준히 했다는 것인데 이것으로 승부할 수 있는 직업이 의사라고 생각했습니다.

의사를 안 하고 치과의사를 한 것도 개원을 최대한 빠르게 할 수 있는 분야라고 생각해서였어요. 그리고 치과는 교정, 임플란트처럼 단순하게 분야가 나뉘어 있다는 것도 제 마음에 들었습니다. 제가 만약 의학을 전공해서 다른과를 들어갔다면, 글쎄요. 지금처럼 개원의를 할 수 있었을까, 조금 걱정이 되기도 합니다.

투자에는 젬병입니다.

남들은 저한테 진료를 참 성실하고 열심히 한다고 하지만, 저는 진료 외에는 다른 일로 돈을 잘 벌 자신이 없어요. 저라고 왜 돈 욕심이 없겠어요. 개원 초기에는 저도 번 돈을 조금 더 불리기 위해 주식과 부동산 투자를 해본 적이 있죠. 그러다가 계약을 잘못해서 돈을 날리기도 하고 엉뚱한 데 투자해서 손해를 보기도 하고요.

어떤 사람은 '투자는 경험이 쌓이면서 실력이 는다'고 하지만 제 경우는, 실력이 늘기는커녕 오히려 실패만 반복하는 상황이었죠. 어떤 사람에게 투자는 정말 맞지 않을 수도 있다는 생각이 듭니다. 차라리 그 시간에 자기가 잘할 수 있는 일에 조금 더 집중하는 것이 그 사람에게는 훨씬 더 가치있는 것이죠.

투자에 실패해보면서 제가 깨달은 게 한 가지 있어요. 그건 바로 저는 '리스크'를 즐기는 사람이 아니라는 점입니다. 다른 사람과 무한경쟁에서 승리할 자신이 없어요. 저는 제 식대로 무언가를 창조하는 것이 더 적성에 맞습니다.

'어떻게 하면 이 세상을 편하고 재미있게 살 것인가?
어떻게 하면 무한경쟁의 늪에서 빠져나와 내 식대로 살아갈 것인가'

이 질문에 대한 답을 찾기 위해 저만큼 오래 고민한 사람도 없을 겁니다. 그리고 지금은 제 나름대로 대답을 찾은 것 같아요. 만약 저보다 한 10년쯤 젊은 후배가 미래의 진로를 고민하면서 저와 같은 질문을 한다면, 저는 이렇게 답을 해주고 싶습니다.

> "세상에서 가장 잘하는 사람이 되기보다 세상에서 유일한 사람이 되면 됩니다."

이것이 유일한 정답입니다. 다른 사람이 가는 길, 정해진 길을 걷기보다는 내가 길을 만들어감으로써 세상에서 유일한 존재가 될 수 있는 길을 향해 걸어가세요. 그렇게 하면 위인전에 나올 만큼 대단한 사람이 되지 않더라도, 충분히 돈을 잘 벌고 나만의 방식으로 세상을 행복하게 살아갈 수 있으니까요.

앞서 말씀드렸듯 제가 좋아하는 문인 중에 '어니스트 헤밍웨이'가 있습니다. 그는 글을 쓰는 작가이기도 하지만, 또 평생 여행과 탐험을 즐긴 사람이기도 했죠. 인생을 그만큼 충실히 즐기다 간 사람도 없을 것 같아요. 저 역시 의사이지만 전형적인 의사가 되기보다는, 남들과 다른 의사, 대체불가능한 유일한 의사가 되고 싶습니다.

다른 사람에게 존경을 받고 싶거나, 무작정 누군가를 좇기보다는 나다운 삶, 나만이 할 수 있는 일을 찾게 된다면 그 사람의 인생은 분명 행복해질 것이다.

세번째, 세리머니

긍정이 무기인
삶

만약 성공적인 삶을 위해 가장 필요한 게 무엇이냐고 묻는다면, 그리고 그것을 꼭 하나만 꼽으라고 한다면 '긍정의 마음'을 꼽을 듯합니다.

다른 모든 것을 잃더라도 '긍정심'을 잃으면 모든 것을 잃죠. 사람은 태어나서 삶을 살아가고 경험이 쌓이면서 자연스럽게 부정심을 경험하게 되니까요.

'이거는 만지면 안 돼.'
'그렇게 행동하면 안 돼.'
'그런 식으로는 안 돼.'

내가 원하지 않아도, 세상은 내 시도와 도전에 대해 부정의 답을 합니다. 그것은 자연스러운 것이죠. 우리는 실패와 실수를 통해 배워나가고 성장하기 때문입니다. 그런데 부정심이 몸에 배면 도전과 시도 자체를 안 하게 되죠. 더 큰 문제는 바로 이것입니다. 두려움 때문에 아무 것도 시도하지 않는 것 말이죠. 그래서 저는 무의식적으로 드는 부정적인 생각을 끊어내고, 항상 긍정적인 마음 가짐을 유지하는 것이 세상에서 가장 큰 보물이라는 생각이 들어요.

사물은 공평합니다. 어떤 사물이든 긍정적인 면과 부정적인 면이 있어요. 의사도 마찬가지입니다. 진료를 할 때 부정적으로 보이는 면이 있고, 반대로 긍정적으로 보이는 면이 있죠. 환자를 부정적 관점에서 진료하면 환자 수가 점차 줄

어둡니다.

상대방의 입장에서는 어떤 문제가 있어서 병원에 온 것인데, 상대의 문제만 보게 되면 그 문제를 해결할 수 없죠. 문제는 내가 부정적으로 보지 않아도 문제인 상태입니다. 반대로 그 문제를 긍정의 관점으로 보면 조금씩 해답의 실마리가 보이죠. 나는 100가지 부정의 요소가 있어도 그 중 1~2가지만 긍정적인 면을 찾아내면 답을 찾을 수 있다고 생각하는 쪽입니다.

주변이 아무리 어둡더라도 한 줄기 빛이 있으면 그 어둠을 탈출할 수 있는 것처럼 말이죠.

그런데 중요한 것은, 긍정은 학교에서도, 직장에서도, 그리고 선배나 동료 누구도 나에게 가르쳐주지 않는다는 겁니다. 긍정이 삶에서 가장 중요한 무기인데, 정작 현실에서는 이러한 긍정심을 가르쳐주는 사람이 없다는 건 문제가 아닐까요.

부정이든 긍정이든, 우리의 마음은 어떤 생각을 품으면 가속이 붙습니다. 매일을 긍정하는 사람에게는 매 순간순간 긍정할 일만 생기는 반면에, 매일 부정적인 사람은 매순간에 좋지 않은 일들이 따라붙죠. 그렇다면 부정적인 일보다는 긍정적인 일로 매순간을 사는 사람이 더 잘 되고 행복한 건 당연한 일 아닐까요.

똑같은 사물을 보면서도 부정적인 생각을 하는 사람이 더 많다는 건 슬픈 일입니다. 부정의 또 한 가지 문제는 마음의 여유를 잃게 된다는 점이에요. 삶을 부정하는 사람은 매 순간을 비관합니다. 마음의 여유가 사라지는 것과 비관은 동전의 양면이죠. 비관적인 사람은 여유가 없고, 여유가 없어지면 마음이 비관적이 됩니다.

그러니 긍정의 마음을 갖고 매일 여유있게 행동하려고 노력해야 해요. 그렇게 되면 삶은 우리에게 성공과 기회를 가져다 줄 테니까요.

세번째, 세리머니

너무 솔직해서 탈인가요?

저는 주변에 뭘 잘 숨기지 못하는 성격입니다. 좋은 일이든 나쁜 일이든 솔직하게 제 속마음을 고백하는 편이다보니 이런 성격을 좋아하는 사람도 있고, 이런 성격 때문에 곤란한 적도 많아요. 어릴 때 어머님께서 다른 것보다 정직해야 한다는 점을 워낙 강조하셨기 때문이기도 하고, 직업이 직업인지라 환자에게는 있는 그대로의 상황을 솔직히 말하는 게 습관이 들어서이기도 합니다.

이쯤되면 짐작하셨겠지만 저는 '처세'라고는 잘 못하는 사람이기도 해요. 뭔가 지나치게 계산을 하고, 다른 사람보다 우위에 서는 것 자체를 불편해하거든요. 그래서 주변에 저를 아끼는 사람들은 저에게 "적당히 둘러댈 줄도 알아야 한다"고 충고하곤 합니다. 제가 솔직해서 손해를 보는 적이 너무 많다는 걸 알거든요.

병원 매출이 잘 나올 때는 주변에서 "요즘 병원 잘 돼?" 하고 물으면 "괜찮게 되고 있어"라고 대답하면 여지없이 그날 밥을 또 제가 사게 되는 식이에요. 어떤 친구는 심지어 아내 생일선물을 저더러 사달라고 하는 경우도 있었습니다. 믿기지 않겠지만 사실이에요.

저 역시 솔직한 성격 때문에 그동안 '당할 만큼(?)' 당한 터라서 이제는 좀 바꿔야겠다는 생각을 한 적도 있지만 잠시 뿐, 결국 솔직한 제 성격으로 돌아오곤 합니다.

처세를 못해도 괜찮아

그런데 조금 더 생각해보니 이런 솔직한 성격이 오히려 더 좋다는 생각을 하게 되었어요. 내가 조금 손해를 보더라도, 솔직함으로 인해서 제 인생이 더 나아지고 있다는 확신을 갖게 된 건 불과 몇 년 전부터입니다.

"거짓말 좀 하는 게 무슨 대수냐"고 하는 사람도 있지만, 저는 거짓말을 하거나 남을 속이면 마음이 왠지 불편합니다. 상대를 위한 선의의 거짓도 있다고 하지만 손바닥으로 하늘을 가릴 수는 없다고 생각해요. 어차피 진실은 만천하에 드러나게 되어 있는데, 내가 단지 그 상황을 모면하려고 솔직하지 않으면 결국에는 그 화살이 나에게 돌아옵니다.

생각해보면, 친구에게 밥을 사는 일은 나쁜 일이 아니죠. 게다가 병원 매출이 안 나와서 산 게 아니라 잘 나와서 산 것이라면 이 또한 축하할 일이기도 하고요. 요즘은 좋은 게 좋은 거라는 식으로 서로서로 거짓말을 하는 자연스럽게 하는 경우가 있는데, 저는 거짓말을 해서 좋은 경우란 상대를 한 번 보고 다시 안 볼 사이가 아니라면 없다고 생각해요.

상대가 나에게 거짓말을 했다는 게 시간이 지나서 밝혀지게 되면 그 상황이 얼마나 민망한가요. 저 역시 환자에게 지금 상태가 어떻다는 것을 솔직히 말하지 않고, 다만 현재를 둘러대기 위해 거짓말을 하면 나중에 문제가 되었던 경험을 여러 번 하기도 합니다.

계산을 해보니 10번 솔직해서 2-3번 손해를 본다면, 7-8번은 좋은 일이 생기는 것 같아요. 반대로 거짓말로 상황을 모면하면 10번에서 1-2번은 좋을 수 있지만 7-8번은 내가 해를 입게 되죠. 이처럼 승률도 따져봐도 솔직한 것이 더 낫습니다. 오히려 거짓말을 너무 많이 하면서 살아온 건 아닌지 반성해야 하지 않을까, 싶어요.

저 역시 지금이 최선이 아니라 지금보다 더 솔직한 삶을 살려고 노력합니다. 애초에 솔직했던 사람이 시간이 지나서 솔직함을 버리기도 하고, 솔직함의 정도가 약해지기도 하니까요. 이 또한 '노력'의 문제로 항상 '솔직한 상태'를 지향하려는 노력이 중요한 것 같네요.

세번째, 세리머니

돈걱정 하는 건
다 똑같아요

얼마 전 결혼이라는 걸 했습니다. 몇 해를 두고 망설인 결혼을 막상 하고 나니 전혀 다른 '유부남'의 삶이 펼쳐지더군요. 누구보다 자유로운 삶을 지향하는 저이지만, 아내가 생기고 돌봐야 할 가족이 생기니 책임감이 강해졌습니다.

이건 멋지게 표현해서 그렇고 현실적으로 말하자면, 돈 들어갈 일이 많아졌어요. 보험료, 대출금, 자동차 유지비, 생활비 등등 돈 들어갈 일은 왜 그렇게 많은 건지, 열심히 벌어도 늘 밑 빠진 독처럼 사라져버리죠. 사람들은 개원의는 돈 잘 벌고, 좋은 집에 살면서 걱정이 없을 거라고 하지만 최소한 제가 아는 의사들은 그렇지 않아요.

누구나 돈 걱정 하면서 산다

항상 돈 걱정, 직원들 월급 줄 걱정, 임대료 걱정 등 돈걱정을 달고 살죠.

어쩔 때는 '이렇게 돈 걱정만 하려고 의사가 되었나' 싶을 정도입니다. 그래도 어쩌나요. 저뿐만 아니라 대한민국 모든 사람들이 돈 걱정을 하며 살아가고 있는 걸요. 병원에서는 직원들 급여, 운영비, 세금 등등이 고민이고 집에 돌아오면 아내와 함께 들어갈 생활비, 미래 2세를 위해 저축해야 할 돈이 생각나면서 머리가 아픕니다. 저도 모르게 '돈돈돈' 하면서 살게 되는 거죠.

그럴 때 제가 내리는 긴급 처방이 있습니다. 통장을 아예 안 보는 거예요. 돈걱정이 어떻게든 사라질 거야, 라는 암시를 스스로에게 내리고, 일부로 통장을 외면합니다. 돈을 걱정하는 분들 보면 통장 수치를 자주 보더군요. 마치 주식차트를 자주 보면 스트레스가 심해지는 것과 같습니다. 돈이 많아도 걱정, 적어도 걱정입니다. 그렇게 걱정한다고, 또 지켜보고 있다고 통장의 잔고가 저절로 늘어나는 것도 아닌데 말이에요.

그런데 제가 제일 걱정하는 건 사실 돈이 아니에요. 그건 제 '기분'입니다. 만약 돈 때문에 제가 기분을 망친다면, 오늘 하루를 기분 좋지 않게 보낸다면 그거야말로 '인생의 마이너스'가 아닐까요. 갑부는 아니지만, 그래도 돈을 차곡차곡 잘 모은다고 생각하는 제가 나름의 꿀팁이 있다면 저는 돈 걱정이 들 때는 통장을 자주 들여다보거나, 돈을 더 벌려고 애를 쓰기보다는 바로 '기분을 좋게' 만듭니다. 그러면 신기하게도 환자들이 늘고 병원 매출도 올라가요.

그 시기가 비수기인데도 말이죠. '어, 왜 비수기인데 환자가 많지?' 하고 생각하지만, 기분은 좋은 상태예요. 반대로 성수기인데 내가 기분이 우울하게 있으면 환자가 오지 않습니다. 분명히 매출이 늘어야 할 시기인데 늘지 않아요. 그러면 기분이 점점 더 가라앉아서 결국 우울한 지경까지 이르게 되죠.

노력을 하지 않고 돈을 버는 법이 있다면 '기분 관리'를 잘하면 돼요. 제가 아시는 분은 장사를 하는데 장사가 잘 되지 않을 때는 가게 대청소를 한다고 합니다. 가게가 깨끗해도 일부러 테이블을 다 걷어내서 바닥을 닦고, 물걸레 청소를 구석구석한다는 거예요. 그러면 신기하게도 갑자기 손님이 늘어나고 매출이 올라가는 경험을 여러 번 한다고 합니다. 제 경우는 청소도 청소지만 가장 중요한 건 제 기분이에요. 제가 기분이 좋아지면 환자가 늘어나고 병원 매출이 증가합니다.

어쩌면 좋은 기분은 좋은 기운을 불러일으키기 때문 아닐까요. 기분을 좋게 하는 데에는 거창한 게 필요하지 않아요. 점심에 내가 좋아하는 음식을 배달시켜먹거나 대화를 하면 기분이 좋아지는 사람에게 전화를 거는 것도 방법이죠. 비밀을 한 가지 더 말하자면, 저는 전화를 걸면 기분이 좋아지는 동성 친구가 한 사람이 있습니다. 출퇴근 길에 운전을 하면서 그와 통화를 하면 저절로 기분이 좋아져요. 집으로 돌아오면 강아지를 만지면서 침대에 누워만 있어도 기분이 좋아집니다. 일종의 주문 같은 거랄까요? 부를 끌어당기는 저만의 시크릿인 셈입니다.

장장 10시간 가까이 진행되어 힘들었지만 즐거웠던 웨딩촬영, 사랑하는 강아지들과 함께 찍고싶다는 꿈을 이루었다.

세번째, 세리머니

작은 성취의 소중함

새해가 되면 사람들이 새로운 도전을 합니다. 도전하는 대상이 크기가 클수록 가치가 높다고 생각하죠. 목표라면 이 정도는 되어야 한다, 고 생각하는 어떤 기준이 있는 것 같아요.

'나는 올해 1억을 벌 거야!'
'나는 올해 가게를 2군데 더 열 거야!'
'올해는 꼭 영어를 마스터할 거야!'

그런데 대부분이 작심삼일로 끝나는 건 그 목표가 너무 커서가 아닙니다. 저는 꿈은 크게 갖는 게 좋다고 생각하지만 이를 실천으로 옮길 때는 '성취'를 중요하게 여겨야 한다고 봐요. '성공'과 '성취'는 조금 맥락이 다른데요. 성공은 실패 아니면 성공 둘 중 하나의 결과를 얻게 되지만 성취는 누구나 100% 도달할 수 있는 것이거든요.

예를 들어서 '내년에 친구 100명을 만들겠다'는 건 성공 또는 실패가 될 수 있죠. 하지만, '누구를 만나든지 친절한 태도를 한 번 이상 보여주겠다'는 건 성취입니다. 이것은 오늘 바로 실행해서 성공을 거둘 수 있죠.

우리에게 필요한 건 성공이 아니라 성취

사람들은 성공만을 유일한 가치평가의 기준으로 삼지만 저는 성공보다는 성취가 중요하다고 믿습니다. 성취는 크고 작음의 평가가 없죠. 오늘 내가 다른 사람에게 친절했다, 는 것에 성공과 실패가 있을까요?

누군가에게 이유 없이 커피를 한 잔 사거나, 집안일을 조금 더 맡아서 하는 건 100%의 성공률이 있죠. 그러면 성취는 성공보다 못한 걸까요? 저는 그렇게 생각하지 않습니다. 성취가 쌓여서 성공적인 삶으로 가는 것이거든요.

세상에 어떤 사람도 성취 없이 성공으로 질러갈 수는 없습니다. 성공에는 지름길이 없어요. 오직 작은 성취들을 쌓고 또 쌓아서 성공으로 만들어가는 것이죠. 그러니까 거창한 목표를 세우지 말고 작은 성취들이 매일 반복되게 하는 게 좋아요. 예를 들어 '2024년에는 영어회화를 마스터한다'가 아니라 '2024년에는 하루에 한 번 영어로 대화를 해본다'와 같은 성취지향적인 태도를 만들면, 1년 뒤의 성과는 전자가 아니라 후자에게서 비롯될 거예요.

아인슈타인이 말한 것처럼, 우리는 인생에서 '복리의 기적'을 최대한 활용해야 합니다. 하루 1%의 복리가 365일 쌓이는 것이, 1년에 20%의 수익을 목표로 일하는 것보다 나아요. 전자는 100%의 성공률이면서 수익률이 높지만, 후자는 실패확률이 존재하고 수익률 또한 전자보다는 못하죠. 그러니 작은 성취의 삶을 살아가는 것이 낫죠. 저도 건강기능식품을 만들기 위해 매일 작은 성취를 합니다.

성공 대신 성취지향적인 삶을 살면 좋은 게 또 있어요. 바로 그 순간을 즐기게 된다는 것이죠. 성공은 오직 앞만 보고 달리는 것이지만 성취는 지금 이 순간을 바라보는 것이니까요. 지금 이 순간을 즐기는 사람만이 평생동안 행복할 수 있습니다.

성공 대신 성취지향적인 삶은 행복의 원동력이다.

세번째, 세리머니

우리 모두 언제 떠날지 모르잖아요

아주 어렸을때 필리핀 여행을 갔을 때의 일입니다. 봉고차를 타고 어머님과 어디를 가려고 했던 길이었던 걸로 기억해요. 봉고차를 맴돌던 고양이 한 마리가 있었습니다. 눈빛이 워낙 예쁘고 털이 고르게 되어 있어 계속 눈길이 갔어요. 길고양이 같지 않았거든요.

그런데 고양이가 너무 예뻐서 가까이 다가오는 것을 만질까, 말까 고민하고 있던 찰나에 기사님이 시동을 걸었어요.

부르릉, 하면서 차가 출발하면서 고양이는 그만 봉고차 바퀴에 밟히고 말았습니다. 정말 순간의 일이었어요. 기사님은 미처 고양이를 보지 못하고 차를 출발시켜버린 거죠.

잊을 수 없는 트라우마

아마도 죽을 때까지 잊지 못하는 장면 하나를 떠올리라면 이 장면일 듯해요. 그 날 이후로 고양이의 죽음에 관해 트라우마가 생겨 며칠 동안 제 머릿속을 떠나지 않았습니다. 물론 그 기사님이 일부러 고양이를 친 것은 아니지만, 그래도 고양이 입장에서는 불운한 죽음을 당한 거였으니까요. 차를 세우고 고양이 시신도 수습해주지 못한 제가 너무 미웠습니다.

그 날 이후로 길고양이를 보면 그냥 지나치지 못하고, 항상 고양이 먹이를 사다 주거나 고양이를 신경쓰는 버릇이 생겼습니다. 연약한 존재들이 보호받지 못하고 그런 식으로 버려진다는 사실에 분노하기도 하고, 참을 수 없는 연민이 생겼다고 할까요.

주변에서는 "네가 동네 고양이 다 키울 거냐"고 나무라기도 하는데, 저는 상관없었어요. 한동안 그렇게 고양이 먹이 챙겨주느라 바쁜 나날들을 보내곤 했습니다.

그러다가 어느 날, 갑자기 고양이 먹이를 주는 걸 그만두었어요. 고양이가 하늘나라로 간 것이 꼭 그렇게 나쁜 일만은 아닐 수도 있다는 생각이 든 이후부터였죠. 생각해보면 우리 인간들도 어느 날 알 수 없는 사건 때문에 세상을 떠나기도 하잖아요.

인간이나 고양이나, 예측할 수 없는 사고 때문에 세상을 떠나는 일이 비일비재한 삶을 사는 건 마찬가지인 듯합니다. 죽을 때까지 의기양양하게 살 것처럼 굴지만, 결국 우리는 사소한 사고 한 번으로 죽음을 맞이할 수 있는 연약한 존재인 것이죠.

그러니 더욱 겸손하게 살아야 하는 것 아닐까요. 인생의 좋은 시기를 보내고 있다면 몸을 낮출 일이고, 반대로 좋지 못한 시기를 보내고 있다고 해도 슬퍼할 일만은 아니라는 생각이 듭니다.

죽음의 고비를 넘다

아마도 이건 제가 죽음의 고비를 넘어본 경험이 있기에 더더욱 드는 생각일 거예요. 9살 무렵이었던 것으로 기억해요. 사촌식구들과 집 근처 산에 등산을 갔던 저는 빠르게 산을 내려가던 사촌들을 쫓아가다가 중턱 쯤에선가 발을 헛디뎌 벼랑 끝까지 미끄러져 내려갔던 적이 있습니다.

미처 비명을 지를 겨를도 없이 정신없이 미끄러졌어요. 그때 속으로 '아, 이제 나는 죽겠구나'라는 예감이 들었습니다. 그 밑이 낭떠러지라는 건 너무나도 명확한 사실이었죠. 그런데 그 순간, 낭떠러지로 떨어지기 직전에 제 팔을 낚아챈 사람은 다름 아닌 이름 모를 등산객 한 분이었습니다.

제 사촌들은 멀찌감치서 저를 지켜보고만 있는데, 제 목숨을 생면부지의 누군가가 구해줄 수 있다고는 생각하지 못했죠. 그때 그 아저씨가 아니었다면, 아마 저는 이 글을 쓰고 있지 못했을 겁니다. 그 분이 제 목숨을 구했어요. 그때도 어린 나이였지만, 죽음이 항상 가까이에 있음을 느낀 계기였습니다.

우리 모두는 언제 떠날지 모릅니다. 그렇다고 항상 짐을 싸둘 필요는 없지요. 아마 떠나는 때가 오면 짐을 쌀 필요도 없이 곧바로 삶을 내려놓고 저 너머의 죽음의 세계로 가야 할 겁니다. 그때가 언제 불현 듯 올지 모르니, 오늘 하루를 충실하고 진실하게 살아가야 할 의무가, 우리 모두에게 있는 건 아닐지...

당신이 좋아하는 일을 하라.
그리고 당신은 평생 일을 하지 않을 것이다.

- 소설가 어니스트 헤밍웨이 -

세번째, 세리머니

미안해하는 성격도
있는 거죠

택시를 탈 때마다 걱정을 했던 적이 있습니다. 기사님에게 현금을 드릴 때 잔돈을 받아야 하는데 그게 그렇게 미안했어요. '내가 만원을 내면서 굳이 천 삼백원을 거슬러 받으려고 하는 걸까' 하는 생각 때문에 잔돈을 받지 않고 팁으로 드렸던 적이 꽤 많습니다.

지금이야 앱을 통해서 간편하게 결제하는 시대가 되어서 그런 걱정을 하지 않게 되었지만 당시만 해도 제 고민은 꽤 진지한 거였죠.

'아니, 뭘 그런 걸 가지고 고민해? 그냥 잔돈 받으면 돼지.'

이렇게 생각하는 사람도 있을 텐데 세상에는 저같은 성격도 있는 겁니다. 저는 괜히 남에게 미안해하는 면이 있어요. 그래서 환자들을 진료할 때도, 제가 진료하지 않은 치아가 흔들리거나 아프다고 하면 그마저도 치료해주는 성격입니다. 직원들이 막 뭐라고 하는데도 저는 그냥 해주고 말아요. 그래야 제 마음이 편하기 때문이죠.

돈을 잃는 게 마음편하죠

제 마음이 불편한 것보다 약간 금전적 손해를 보는 게 낫습니다. 내가 그 환자에게, 택시기사에게 그 돈을 더 받는다고 한들 제가 부자가 되는 것도 아니니까요. 어쩌면 그 분들에게는 저의 손해로 인해 얻게 된 혜택이 더 클 수도 있고,

저의 작은 행동이 그 분들의 삶을 바꿀지 누구도 알 수 없는 거니까요.

아마도 저처럼 지나치게 남을 의식하거나 미안해하는 성격을 가진 분들도 있을 겁니다. 저는 그런 성격이 절대 나쁘다고 생각하지 않아요. 그런 성격은 나름대로 살아가는 방법이 있습니다. 남에게 폐를 끼치는 것도 아니고, 오히려 내가 손해보면서 다른 사람이 더 잘 되기를 바라는 마음은 건강한 것이라고 생각해요.

물론 돈은 좀 아까울 수 있죠. 그런데 그걸 나중에 마음쓰면 뭐하나요. 어차피 그 시간은 이미 지나가버렸는데 말이죠. 저는 차라리 그런 일이 생기면 빨리 잊고서 다른 일에 몰두하는 편입니다. 내가 미안해한다고 세상은 달라지지 않아요. 하지만 내가 미안해하는 것보다 마음편하게 지내면 내 인생은 훨씬 더 풍요로워집니다.

그러면 무엇을 선택하는 게 나을까요. 저는 그냥 제가 마음 편한 쪽을 선택하기로 했습니다.

세번째, 세리머니

이상을 좇아서 사는 삶

고백하건대 무모하거나 무의미한 것을 높게 평가하는 편입니다. 다른 사람이 하지 않는 일을 기꺼이 맡아서 도전하는 태도가 멋지다고 생각해요. 어떤 일이 무모한 일인지 아닌지, 그 일이 벌어진 순간에는 알 수가 없어요. 그 일이 지나고 나서 그 일의 의미를 돌이켜볼 때 비로소 우리는 어떤 일의 의미를 깨닫게 되기 때문이죠.

제가 여기까지 오게 된 건 무모한 결정들의 연속이었습니다. 저는 의사가 되기에는 공부를 특출하게 잘 한 것도 아니었지만 저는 의사가 되기로 결심했습니다. 그 당시를 생각해보면 무모하다면 무모한 결정이었고, 제가 자퇴후 공부를 하는 것도 주변의 우려도 많았지만 결과적으로는 제 선택이 옳았다는 걸 알게 되었죠.

지금도 저는 미래에 벌어질 무모한 일을 상상하면서 살아갑니다. 그 과정을 상상하면서 사는 것만으로도 행복해지니까요.

현실을 직시해, 라는 말

제가 가장 싫어하는 말 중 하나가 "현실을 직시하라"는 말이에요. 이 말은 너무 슬프기도 하죠. 현실이 이러이러하니 너는 이것을 해서는 안 된다는 부정적 뉘앙스가 담겨 있기도 하죠. 무언가를 하라는 것보다 하지 말라는 쪽의 의미에 가깝다보니 상대를 억압하는 듯한 느낌도 담겨 있습니다.

우리가 현실만 직시하면 어떤 일이 벌어질까요? 아마 거의 대부분의 국민이 쓰는 스마트폰은 애초에 등장할 수 없었을 거예요. 새로운 것을 배울 필요도 없고, 더 넓은 집으로 이사하려는 꿈도 없겠죠. 공부를 더 열심히 해야 할 이유도, 운동을 열심히 해야 할 이유도 없는 채 그저 현실에서 주어진 것에만 만족하면 우리 인생이 더 풍요로워질까요?

저는 그렇지 않다고 생각해요. 사람은 새로운 걸 끊임없이 상상해야 해요. 그게 설령 이뤄지지 않을 꿈이라고 해도 말이죠. 상상하고 꿈꾸는 사람과 그렇지 않은 사람의 미래는 다를 수밖에 없을 겁니다. 만약 지금 현재의 상태와 다른 상태로 더 나아가려는 사람이 있다면, 그 사람은 먼저 "꿈을 꾸어야" 합니다. 여기서 말하는 꿈은 밤에 꾸는 꿈이 아니라, 낮에 꾸는 꿈이에요. 간절한 사람은 한낮에 꿈을 꾸는 법이니까요.

원하는 것이 있다면 그것을 꿈으로 표현하면 좋습니다.

다시 한 번 말하자면 여기서 꿈은 직업이 아니라 상태예요. 내가 되고 싶은 상태를 최대한 구체적으로 상상해보는 것, 요즘은 이걸 '끌어당김'이라고 하는 것 같더군요. 그런데 이때의 끌어당김이 꼭 '성공'에 관한 것일 필요는 없죠. 성공보다 중요한 것은 '성취'니까요.

세번째, 세리머니

언제든 바뀔 수 있는 상태를 지향하며

마음이 수시로 바뀌는 사람을 우유부단하다고 하죠. 여기서 우유부단의 맥락은 무언가를 확실히 결정하지 않고 갈팡질팡한다는 부정적 의미가 담겨 있습니다. 하지만 저는 우유부단한 상태가 정상이라고 봐요.

우유부단한 것이 정상

확고한 믿음과 선택이라는 게 과연 존재할까요. 방금 5초 전의 세상과 5초 이후의 세상이 다른데 어떻게 A라는 생각과 믿음을 1년 뒤, 10년 뒤에도 유지할 수 있을까요. 세상이 바뀌고 그에 따라서 사람의 생각도 바뀌는데요.

내가 강력하게 옳다고 믿었던 A라는 신념이, 만약 틀린 것으로 판명되었다면 어떤가요. 그 신념을 빨리 바꾸어야겠죠. 세상에 '절대선'이라는 것이 없다면 누군가의 생각도 정답과 오답이 없는 게 맞을 겁니다. 그렇다면, 내 생각이 항상 틀릴 수 있고, 또 바뀔 수 있다고 생각하는 게 더 낫지 않을까요.

1년 전에 했던 말을 1년 뒤에 완전히 뒤집었다고 해서 그 사람을 모순적이라고 욕하면 안 돼요. 우리는 정치인이나 행정가가 아니라, 평범한 사람들이잖아요. 평범한 사람의 생각은 매일 바뀌는 게 정상입니다.

애초에 확고부동한 생각이 있다는 전제가 잘못된 것일 수 있어요.

쉽게 사는 삶이 좋다

저는 후배들이나 주변 친구들이 와도 함부로 인생 조언 같은 걸 안 하려고 해요. 그는 그의 생각, 나는 내 생각이 있는 거니까요. 내 생각이 반드시 옳다는 전제로 상대와 대화를 하면 커뮤니케이션 자체가 성립되지 않습니다. 제 직업이 치과의사라고 해서 제가 하는 말이 무조건 옳은 건 더더욱 아니죠.

굳이 한 가지 방향을 거론하자면 저는 '쉽게 생각하는 삶'이 좋은 삶이라고 생각해요. 어렵고 힘들고 스트레스가 가득한 삶이 '열심히' 산다는 이유로 정당화되는 것에 반대하는 편입니다. 쉽게 생각한다는 것이 대충 산다는 뜻이 아니에요. 삶을 너무 진지하게 대하지 말자는 뜻입니다.

어쩌면 우리가 사는 세상이 영화〈매트릭스〉속 세계처럼 일종의 시뮬레이션에 불과할 수도 있는 거잖아요? 신이 있든 없든, 우리의 무의식이 이끄는 대로 애초에 삶을 조종해

나가는 거라면 내가 마음먹은 대로 인생이 펼쳐지는 것 아닐까요?

설령 인생이 시뮬레이션이 아니라고 해도, 천년만년을 사는 삶이 아닌데 굳이 진지하게 살아갈 필요가 있을까요. 터무니없이 절박하게만 살다보면 내 뜻대로 되지 않을 수도 있죠.

너무 어렵게 생각하지 말죠, 우리. 짧은 인생경험을 돌이켜봐도 인생의 중요한 순간에는 내 예상과 다른 상황이 펼쳐지거나 예기치 않은 곳에서 기회나 위기가 불쑥 불쑥 튀어나왔던 것 같아요. 아무리 고민하고, 아무리 노력해도 인생을 내 생각대로만 통제할 수 없는 것이죠.

그러니 그저 가볍게, 가볍게 시뮬레이션을 하듯, 낚시를 하듯 즐기면서 살아갈 수 있으면 그보다 더 좋은 삶은 없을 거라고 생각해요.

세번째, 세리머니

행복은 아주 사소한 순간으로부터

사람이 결국 행복하게 사는 게 목적이라면, 행복은 일상의 아주 작은 순간에 숨어 있는 것 같아요. 얼마 전 매년 수십억을 버는 한 유명 로펌의 변호사의 일상을 본 적이 있습니다. 그에게 "하루 중 언제가 가장 행복하냐"고 물었을 때 그가 한 말이 지금도 기억에 남아요.

"집에 누워서 햄버거를 먹으면서 TV 볼 때죠."

대한민국에서 가장 비싸다는 아파트에 사는 그 역시, 삶의 행복한 순간은 보통 사람들의 그것과 다르지 않다는 것이죠. 저도 행복한 순간을 곱씹어보면 여행을 가거나, 혹은 좋은 차를 탈 때가 아니라, 가족들과 둘러앉은 저녁밥상이 가장 행복한 것 같네요.

가족이 행복이라고 하면 거창하지도, 부럽지도 않죠. 가족이 행복이 될 수 있는 사람은, 적어도 '100억'이 행복인 경우보다 이루기가 훨씬 쉽잖아요. 가족이 없는 사람도 있겠지만, 가족이 있음으로써 행복해질 수 있다면 우리는 행복의 의미를 다시 생각할 필요가 있지 않을까요.

'가족은 왜 내게 행복일까?'

이제 막 결혼을 한 제가 저 스스로에게 묻는 질문입니다. 결혼을 하기 전에는 성공과 부유함, 주변의 존경과 명예 등을 행복으로 여기고 살았지만, 결혼을 하고 가족을 꾸려보니 가족보다 소중한 게 없다는 걸 알게 되었어요.

가족의 의미란 '나를 진심으로 걱정해주는 사람이 단 한 명이라도 있다'는 데 있지 않을까요. 내 편이 있다는 희망, 세상이 끝나는 순간이 오더라도 나와 함께 남아있을 수 있는 한 명이 있다는 희망이 바로 가족인 듯합니다.

제가 아는 한 지인은 매달 1일부터 25일까지 쉬지 않고 일합니다. 주말도 없이 일을 하죠. 대신 매달 마지막 4일은 일을 완전히 중단하고 하고 싶은 것을 마음껏 해요. 갑자기 드라이브를 가거나 호캉스를 즐기는 식이죠. 훌쩍 혼자 해외여행을 떠나기도 합니다. 저는 이런 것도 사소한 행복이 될 수 있다고 생각해요.

꼭 돈을 쓰는 방식일 필요는 없어요. 저는 하루종일 앉아 책을 읽는 것도 '소확행'이라고 생각합니다. 제가 원하는 카테고리의 책을 꺼내서 쌓아두고 번갈아가면서 읽는 것만으로도 행복한 감정이 조금씩 올라와요.

자기 자신에게 이런 작은 행복도 선물할 줄 모른다면, 그것이야말로 가장 슬픈 것이겠죠. 내 가족과 있는 것이 얼마나 큰 행복인지를 느끼려면 결혼을 해보거나 혼자 살면 알 수 있게 됩니다. 자기가 무엇에 행복감을 느끼는 지 알려면, 평소에 알던 자기 자신과 잠깐동안 떨어져있어 보면 됩니다.

순간을 즐기면 그게 전부인 삶

무언가를 시작하고, 호기심 어린 눈으로 사물을 탐구하는 것, 지치지 않는 열정으로 새로운 재미를 찾아다니는 것, 돈이 되지 않는 일이라도 내 경험과 발전을 위해 기꺼이 투자하고 도전해보는 것, 저는 이것이 바로 현실과 자아에 얽매이지 않는 탐험가의 자세라고 생각합니다.

가장 흔한 핑계는 이것입니다. '나이가 들어서' '다른 사람의 눈치가 보여서' '시간과 돈이 없어서' 정말 그럴까요.

몸이 아프지 않다면, 건강하게 움직일 수 있다면 나이가 들어서라는 핑계는 말 그대로 핑계에 불과합니다. 나이를 의식하지 않을 순 없지만, 나이 때문에 못하는 일이 생길 것이라고 생각하면 세상에는 할 수 있는 일보다 할 수 없는 일들이 더 많아지겠죠. 나중에는 수저를 들 힘도 사라질 테니까요.

다른 사람의 눈치를 보며 사는 것도 부질 없다고 생각해요. 인생은 짧고 언제 죽을 지도 모르는 삶인데 왜 눈치를 보며 살아야 할까요. 내가 하고 싶은 일을 찾기 위해 끊임없이 시도하고 또 시도하는 것은 가치있는 삶입니다. 그 과정에서 설령 실수를 하고 실패를 한다고 해도 노력을 포기해서는 안 되죠. 가치있고 풍요로운 삶을 살아가려면, 이와 같은 노력이 필요한 것 같아요.

헤밍웨이는 노력하는 사람이었습니다. 겉으로는 풍류를 유유자적 즐기는 것처럼 보였지만 더 나은 삶, 더 뜨거운 순간을 맛보기 위해 스스로를 계속 코너로 밀어붙일 정도로 엄격한 사람이기도 했어요. 세상에는 대가 없는 결실은 없는 것 같습니다. 만약 우리가 삶을 더 충분히 즐기고 있지 못하다는 생각이 든다면, 자기의 '컴포트존Comfort Zone'을 깨고 세상 밖으로 나와야 합니다. 지금 있는 곳에서 한 발만 앞으로 나가면, 더욱 풍요롭게 가치 있는 세상이 열리게 되니까요.

인생은 더 많이 즐기는 사람이 승자인 게임입니다. 현재 어떤 위치에 있든, 어떤 일을 하든, 그 순간을 진심으로 즐길 줄 아는 분들이 이 책의 독자이길 바랍니다. 그리고 이 책을 통해 독자들과 제가 '즐기는 삶'을 주제로 소통할 수 있다면 더없이 기쁠 것 같습니다.

에필로그

저는 아직 하고 싶은 일이 더 많습니다

"또 이런 걸 샀어?"

아내는 또 저를 타박합니다. 저는 호기심이 생기면 일단 그 분야에 관련된 물건을 삽니다. 그리고 탐구해보죠. 그 물건을 어떻게 쓰면 그 일을 즐기는 데 있어서 도움이 될지에 대해서…

당연히 저의 이런 취향이 항상 환영받는 건 아니죠. 제 아내나 주변 사람들은 제가 엉뚱한 데 돈을 쓴다고 생각하기도 합니다. 저로서는 취향을 벼려가는 과정인데도 단지 제가 불필요한 소비를 하는 것처럼 보이나봐요. 그런데, 정말 저는 억울합니다.

경험을 위한 소비

사물을 즐기려면 일단 그 사물을 골똘히 봐야 합니다. 대강대강봐서는, 그 안의 속살을 볼 수 없어요. 겉모습으로만 사물을 판단하는 것보다 위험한 것도 없습니다. 만약 수영을 알려면, 수영을 정말 잘하는 사람의 경기에도 가보고, 그 선수에 관한 책을 읽거나 그의 인터뷰를 보면서 '저 사람은 왜 수영에 빠진 것일까' 하고 골똘히 생각해봐야 합니다.

'에이, 그게 내가 수영을 잘하는 것과 무슨 상관이람?'

이렇게 생각하는 분도 있겠지만, 저는 단순히 어떤 일을 잘하는 걸 말하는 게 아니에요. 중요한 것은 그 일을 '즐기는' 것입니다. 그 일을 즐기지 못하면, 그 일을 잘하게 될 수 없거든요. 경험을 위한 소비에는 끝이 없는 거죠. 이쯤 되면 끝이다, 라고 생각하는 순간 그 다음 탐구의 세계가 펼쳐집니다. 저로서는 조금 더 '내공'이 생긴 거죠. 내가 다른 사람이 보지 못하는 그 무언가의 경지를 봤다, 는 생각이 들면 그 순간의 희열이란 말로 표현하기 어려워요.

이 책을 읽는 여러분은 1년 동안 어떤 한 가지 분야에 푹 빠져서 몰두해본 경험이 있으신가요? 있다면 당신 또한 저와 같은 기질을 가진 사람이고, 제 말을 이해할 거예요. 제 주변에는 1년동안 스도쿠에 빠져 온갖 스도쿠 게임집을 모으느라 돈을 적잖이 쓴 사람도 많아요. 이렇게 좋아하는 걸 즐기는 데 쓰는 돈은 아끼지 말아야 합니다.

인생에는 공짜가 없다

인생을 즐기는 데는 '판돈'이 필요해요. 절대 공짜는 아니니까요. 그리고 그렇게 투자한 비용과 시간은 '행복'으로 돌아오게 됩니다. 행복을 추구하는 과정에는 이처럼 반드시 기회비용과 노력이라는 대가가 필요해요. 가만히 있어도 행복이 나에게 오는 경우는 없죠. 제 경우, 인생을 더 많이, 더 충분히 즐기는 것이 목표이기 때문에 매달, 매주, 매년 하고 싶은 일이 생깁니다.

퇴근을 하고 그 일을 하는 것만 생각해도 가슴이 두근거리는 그런 일을 앞으로도 더 많이 발견하고 싶고, 이 일을 즐기면서 삶을 살아가는 것이 제 목표입니다. 죽기 전까지 해야 할 '버킷리스트'를 나열해보기만 해도 저는 가슴이 두근거려요. 이걸 모두 즐기려면 결코 게으름을 피우거나 나태하게 움직여서는 안 됩니다.

어느샌가 유년기를 지나 학창시절을 마치고 이제는 불혹에 더 가까워진 세월을보면, 앞으로 남아있는 시간들이 얼마나 빠르게 지나갈지는 불보듯 뻔한 일입니다. 훗날 언젠가 세상을 떠날때, 삶을 되돌아보며 부지런히 노력하고 또 노력해서 제가 즐기고 싶은 일들을 해냈던 제 자신을 생각하며 후회는 없다고 되뇌이고 싶습니다.